【改訂版】

株を買うなら
最低限知っておきたい

ファンダメンタル投資の教科書

Fundamental Analysis for Individual Investors

公認会計士・個人投資家
足立武志
Takeshi Adachi

ダイヤモンド社

はじめに

　株式投資では、まずはどの株に投資するかを決めなければなりません。将来の業績の伸びが期待できる企業や、実態価値より株価が割安である企業を探すのに決算書はとても役立ちます。

　決算書を用いた銘柄選びや企業分析の方法について書かれた本はいくつかあります。しかし、それらの多くは個人投資家にとって「難しい」のです。もちろんそれらの本に書かれている内容は至極まっとうで正しいものなのですが、決算書の細かい部分まで入り込み過ぎている感があり、会計の知識を持っていないとなかなか理解できません。どんなに素晴らしい内容であっても、個人投資家が実践で使えるものでないと意味がないのです。

　もう1つ感じたのは、「銘柄選び」のことは書かれていても、それと同じくらい重要な「買い方・売り方」について丁寧に触れられているものはほとんどないということです。
　株式投資は投資する銘柄を選んだら終わりではありません。「銘柄を選ぶ→買う→売る」、この一連の行動が株式投資です。
　少しでも株式投資を経験した方ならおわかりかと思いますが、「この銘柄は将来有望だ」と100％の自信を持って選び抜いた銘柄でも、いざ投資してみるとなぜか株価は下がる一方……こんなことが当たり前のように起こります。こうした事態に対応するための方法も合わせて身につけておかなければ、どんなに銘柄選びに力を注いでもいずれ失敗してしまいます。

　これでは決算書を銘柄選びに役立てて、そして株式投資で成功したいという個人投資家の思いに応えることはできない、そう思って

私は本書を執筆することを決意しました。

本書が重視したポイントは次の2つです。

1. 細部に入り込むことなく、決算書の知識に自信のない個人投資家の方でも容易に理解し、かつ実践できる内容とした

銘柄選びの際に決算書を深く読み込んで企業分析をすることは悪いことではありませんが、手間がかかりますし、何より決算書の知識に自信のない方にとっては難解です。

そこで本書では「決算書」というよりは決算書のうち特に重要な数値に焦点を絞っています。これなら決算書の細部まで読み込むことができなくても容易に銘柄選びを実践することができます。

2.「銘柄選びの方法」にとどまらず、「買い方・売り方」についても詳細な説明を行い、「銘柄を選ぶ→買う→売る」という株式投資の一連の流れについて全てサポートする内容とした

今までの類書にありがちだった「銘柄選びの方法のみを取り上げる」ことによる問題点を解決するため、実際に投資するタイミングや投資後の売却タイミングの見極めといった「テクニカル分析」の内容も取り入れました。これにより、銘柄選びだけではどうしても防ぐことができない失敗を回避することができるよう心がけました。

本書の構成は以下のようになっています。

第1章では個人投資家のバイブル『会社四季報』を用いた銘柄選びの手法をご紹介します。

続いて第2章では会社四季報に掲載された情報を補完・ブラッシュアップするための「決算短信」の活用法をご説明します。

第3章では代表的な「株価指標」の効果的な使い方を解説し、企業価値に対して株価が割安となっている「割安株」をどのように見つけていけばよいかを説明しています。
　第4章では業績が伸びていて、今後の伸びも期待できる「成長株」の探し方や、成長株へ投資する際のポイントを解説します。
　第5章では第1章～4章で選んだ銘柄を実際に売買する際の注意点や売買タイミングの見極め方を解説するとともに、株式投資で個人投資家が失敗しないための2つのルールを伝授します。

　本書をお読みいただければ、「どのように銘柄選びをすればよいか」だけではなく、選んだ銘柄について「どのタイミングで売り買いをすればよいか」までわかります。
　本書で書いた内容は、どれも私が実際に株式投資を行う際に実践し、かつ良好な結果をあげているものばかりです。ぜひ本書の内容を実践していただき、「勝ち組個人投資家」を一緒に目指しましょう。

　なお、「公認会計士・税理士　足立武志ブログ」(https://kabushiki-adachi.com/)にて、本書の内容に関連した記事や日々のマーケットの状況、筆者の投資戦略などを掲載しています。
　また、無料メールマガジン「上位10％の負けない株式投資」(http://makenaikabushiki.com/lp_mail/)では、個人投資家の方が陥りがちな失敗とその対処法、タイムリーな話題に関する知識・お役立ち情報などについて書いております（ブログ内の各記事にもリンクを貼ってあります）。
　本書とあわせてぜひ株式投資の参考にしてください。

改訂版の発行にあたって

「株を買うなら最低限知っておきたい ファンダメンタル投資の教科書」の初版が発行されたのは、2012年4月です。

その後7年近くたちましたが、この間おかげさまで10回の増刷を重ねることができました。

増刷の際には、社名変更や上場廃止の有無などについて修正を行ってまいりましたが、初版発行から約7年が過ぎ、使用している株価チャートや各種資料・データが古くなってきました。

また、初版が発行された2012年4月は、同年11月からスタートしたいわゆる「アベノミクス相場」が始まる前でした。

しかし、アベノミクス相場ではそれまで見られなかったこと、例えば何年もの間上昇を続け、株価が何倍、何十倍にもなる成長株が数多く生じるなどの事象が見られるようになりました。

こうした点を踏まえ、この度改訂版を発行する運びとなりました。

改訂版では、主に以下の事項について大きく手を加えています。

- 本書中で使用している各種資料・データや株価チャートを直近のものへ刷新する
- アベノミクス相場以降の傾向を踏まえ、成長株に関する章を新設する
- よりわかりやすい書面にするよう、応用的要素の強い箇所は削除し、代わりに重要性が高いジャンルについての内容強化をはかる

ぜひ本書を参考にしていただき、将来株価が大きく上昇する可能性の高い銘柄をご自身の力で選べるようになってください。そして

売買のタイミングもルールを決めてそれを実行できるようになってください。
「なんとなく」の銘柄選びや、「なんとなく」の売り買いから卒業し、上位10%の負けない個人投資家を目指しましょう。

もくじ

はじめに……1
改訂版の発行にあたって……4

序章　「決算書を使った銘柄選び」とは？……11
銘柄選びには決算書を使え！……12
では、なにを見ればいいの？……15
「決算短信」は速報性がキモ……16

第1章　情報満載！会社四季報を使い倒せ！……19
成長株、割安株、そして復活株……20
そもそも『会社四季報』ってなに？……21
「成長株」の探し方
業績が伸びている企業を見つけよう……23
「割安株」の探し方
株価が、その企業の価値よりも
安かったらお買い得！……29
「復活株」の探し方
"赤字縮小・黒字転換"がポイント……31
注意！　業績予想はあくまでも「予想」です……33
前号の数値と比較してみよう……35
財務状況のチェックで、倒産の危険度を探ろう……38

［会社四季報の裏ワザ①］
株主構成に注目！……47

　　　コラム　財務大臣が大株主の企業とは？……50

［会社四季報の裏ワザ②］
外国人投資家、投信の持ち株比率に注目！……51

「テーマ株」は取り扱いに要注意！……55

第2章　業績をタイムリーに知る！決算短信のチェックポイント……59

そもそも決算短信とは？……60

決算短信の種類……61

決算短信はどういう構成か？……62

［決算短信の活用法①］
サマリー情報で、最新の業績をチェックする……64

［決算短信の活用法②］
企業の経営成績や財政状態について詳しく知る……68

［決算短信の活用法③］
貸借対照表、損益計算書や
キャッシュ・フロー計算書を見る……70

貸借対照表の仕組み……76

　　　コラム　貸借対照表の持つ意味……80

損益計算書の仕組み……81

　　　コラム　包括利益計算書とは？……85

キャッシュ・フロー計算書の仕組み……87

［決算短信の活用法④］
企業が抱えるリスクについて知りたい！……94

［決算短信の活用法⑤］
事業別の売上や利益、
海外売上の割合が知りたい！……99

第3章　決算書に関連した代表的バリュエーション指標……103

株価指標を使おう！……104

PERの意味……104

PBRの意味……108

PBR1倍割れが「割安」なわけ……109

PERとPBRの違い……111
ROEの意味……113
ROEが高いほうが株価は上昇しやすい！……114
配当利回りの意味……115
配当金は株価の下支え効果を持つ……116
　　　コラム　PER、PBR、ROEの関係を知ろう……118
PER使用上の注意……121
業績の変動が激しい銘柄や
赤字銘柄の妥当株価の考え方……129
成長株をはじめとした高PER銘柄への対処法は？……130
注意！　1株当たり純資産は
あくまで「帳簿上」のもの……133
高PBR銘柄は割高なの？……135
自己資本の小さい企業の高ROEには注意！……136
配当利回りのここに注意！……138
[よくある間違い①]
低PER銘柄に飛びつくな……142
[よくある間違い②]
低PBR銘柄に飛びつくな……144
正しい低PBR銘柄の選び方……146
[よくある間違い③]
配当利回りが高い銘柄に飛びつくな……149
増資や自社株買いによる株価への影響は？……152
　　　コラム　低PBR銘柄の株価が上昇しない理由とは？……155

第4章　中長期で狙いたい成長株投資への挑戦……157

成長株ってどんな株？……158
なぜ成長株の株価は大きく上昇するのか？……160
なぜ成長株のPERは高いのか？……161

成長株が割高なのか割安なのか判断できる？ ……164
PERが高いことによるリスクとその軽減法 ……165
成長株を成長の初期段階で買うことの是非 ……169
成長株選びのポイント ……172
四半期決算で業績の変化を素早く察知しよう ……179
月次売上高でタイムリーな業績の変化を
チェックしよう ……184
ROEとROAの併用で
「レバレッジ経営」の有無を見極めよう ……188
赤字続きであるものの、
成長期待が高い会社の扱いは？ ……190
本当の意味での「成長株」を選択する方法 ……193
IPO株への投資に対する考え方 ……195
利益だけ伸びて売上が伸びない株はどうする？ ……197
売上だけ伸びて利益が伸びない株はどうする？ ……199
成長株なのに株価が上昇しない……。
どうしたらいい？ ……201

    コラム　個人投資家とプロ投資家では目の付けどころが違う？ ……204

成長企業の探し方
高成長と収益力の高さがポイント！ ……205

第5章　大失敗しないための買い方・売り方 ……217

株で勝つコツは大失敗しないこと！ ……218
なぜ業績が良いのに株価が下がるのか？ ……218
個人投資家が業績の変化を
察知できるようになるまでには時間がかかる ……219
株価には「トレンド」がある！ ……222
需要より供給が多くなる要因とは？ ……226
業績と株価が相反する
動きを見せたときはどうするか？ ……236

いくら業績が良い銘柄でも
これだけは守るべき2つのルール………241

株価のトレンドから
買い時・売り時を見極める………246

損切りは「業績」ではなく
「株価チャート」で判断する………253

あとがき………260

序章

「決算書を使った銘柄選び」とは？

銘柄選びには決算書を使え！

　株式投資をするときは、約 3900 社 (2024 年 3 月時点) ある上場企業の中からどの企業の株に投資するかを決めなければなりません。

　初心者の方なら、自分の知っている会社、お気に入りの商品を売っている会社から選ぶのも 1 つです。

　でも、ワンランク上の投資家を目指すなら、将来株価が上昇する可能性の高い銘柄を探して投資することを心がけてみてはいかがでしょうか。

　将来株価が上昇する可能性の高い銘柄を見つけるためには、「決算書」が有効です。

　「決算書」と聞くとハードルが高く感じるかもしれませんが、決して難しいことはありません。

　この本を読み進めてもらえば、ラクラクと決算書を使って銘柄選びをすることができるようになるはずです。

　企業が利益をあげると、企業の価値が高まります。売上や利益を年々増やしているような企業は、将来企業価値が大きく向上することが期待できるため、より多くの投資家がそんな企業の株を「欲しい」と思います。そのため株価も上昇していきます。「決算書」はこうした企業を探すのに役立ちます。

　また、株式市場全体が低迷して株を売りたい人が増加すると、業績の悪い会社だけでなく、良い会社の株まで売られて、株価が下がっ

てしまうことがあります。冷静に考えてみれば「なにもここまで売られなくてもいいのでは？」というレベルまで、株が売られて株価が下がってしまうことも少なくないのです。こうした、「株価が本来の企業価値と比べて明らかに割安な状態にまで下がっている」株は、いずれは正当なレベルまで値が戻ることが予想できますから、**株価が低迷しているうちが買いのチャンス**になります。

決算書の数値と株価を使った「指標」（これを「株価指標」と言います）を使えば、このような割安に放置された、お買い得な企業を探すことができます。

つまり、決算書を銘柄選びに用いることで**「売上や利益を年々増やしている企業」**や**「企業価値に比べて実際の株価が過小になっている企業」**を見つけ出すことが可能なのです。

ちなみに、「売上や利益を年々増やしている企業」の株のことを「成長株」とか「グロース株」と言い、「企業価値に比べて実際の株価

図表0-① 「成長株」と「割安株」

```
決算書を銘柄選びに用いれば…
          ↓
「成長株」や「割安株」を見つけることができる！
```

- ●成長株（グロース株） ……売上や利益を年々増やしている企業の株
- ●割安株（バリュー株） ……企業価値に比べて実際の株価が過小になっている企業の株

どちらも将来の株価上昇が期待できる！

が過小になっている企業」の株を「割安株」「バリュー株」と言います（図表❶-①）。

　図表❶-②をご覧ください。ビジョン(9416)は売上や利益が年々増加していることがわかりますね。したがって「成長株」のカテゴリーに入ります。そして、ＰＥＲが低い銘柄(長谷工コーポレーション〈1808〉など）やＰＢＲが低い銘柄（コナカ〈7494〉など）は「割安株」のカテゴリーに入ります。
　なお、ＰＥＲやＰＢＲは第３章で詳しく説明しています。

図表❶-② 成長株と割安株の例

●成長株の例：ビジョン (9416)

単位：百万円

	売上高	経常利益	当期純利益
2013年12月期	9,203	29	75
2014年12月期	10,185	324	275
2015年12月期	12,485	807	585
2016年12月期	14,843	1,298	813
2017年12月期	17,554	1,795	1,208

●割安株の例

①低 PER 銘柄

	株価(H30.9.14)	予想1株当たり当期純利益 (2019年3月期)	PER
長谷工コーポレーション(1808)	1,436円	282.5円	5.08倍
三井化学(4183)	2,745円	402.5円	6.82倍
伊藤忠商事(8001)	2,013円	290.3円	6.93倍

※予想1株当たり当期純利益は会社四季報 2018 年 4 集の東洋経済予想値を使用

②低 PBR 銘柄

	株価(H30.9.14)	1株当たり純資産	PBR
コナカ(7494)	508円	1,692円	0.30倍
日本郵政(6178)	1,334円	3,250円	0.41倍
凸版印刷(7911)	876円	1,821円	0.48倍

※1株当たり純資産は会社四季報 2018 年 4 集の掲載値

※凸版印刷は2023年10月にTOPPANホールディングスに社名変更しました。

では、なにを見ればいいの？

　売上や利益がこれからも年々増えていきそうな銘柄や、企業価値に比べて株価が割安になっている銘柄を探すのに有効な「決算書」。では、具体的にはなにを見ればいいのでしょうか。

　主要な情報源として挙げられるのは、**「会社四季報」「決算短信」****「有価証券報告書」**です。

　これらのうち、個人投資家は、基本的には会社四季報を見れば十分です。

　会社四季報には、過去数年間の業績数値や将来の業績予想、財政状態のみならず、企業の概要や最近の事業の状況、株主の状況、過去の株価推移、株価チャートなどがコンパクトに掲載されており、まさに企業情報の宝庫と言えます。

　業績欄には、過去数年間の売上高や各種利益が掲載されており、企業の業績が伸びているのか、安定的なのかそれとも落ち込んでいるのかが一目でわかります。さらに、今期・来期の２期分の業績予想数値も掲載されていますので、今後の業績の動向を推測して「成長株」を探し出すのに役立ちます。

　また、ＰＥＲ、ＰＢＲ、配当利回りといった株価指標（第３章で説明します）も掲載されています。これらをチェックすることで、「割安株」を発掘することもできます。

　時には上場企業であっても倒産することがあります。投資した銘柄が倒産してしまえば、その銘柄への投資資金がほぼゼロになってしまいますから、なんとしても避けたいものです。そのために、投

資する前に財政状態やキャッシュ・フローの状況をチェックすることが重要です。これも会社四季報に掲載されたデータで簡単にチェックすることが可能です。

会社四季報の詳しい使い方については、第1章で説明します。

「決算短信」は速報性がキモ

決算短信は決算発表書類の「速報版」という位置づけです。

投資家が企業の決算を最も早く知ることができるのはこの決算短信です。同じ決算発表書類である有価証券報告書に比べ簡略化されている分、迅速に開示されるのが特徴です。

また決算短信には来期の業績予想も掲載されています（予想が困難として掲載していない企業も一部あります）。

決算短信を見れば、会社四季報にまだ反映されていない最新の企業業績や業績予想を確認することができます。

決算短信の使いこなし方については第2章で説明します。

最後に有価証券報告書は、詳細な決算書やそれに関連する情報だけでなく、企業の沿革、役員の状況、設備投資の状況、保有する不動産の状況など、その企業に関する様々なことを知ることができる大変貴重な情報源です（図表❶-③）。

そのためアナリストなど資産運用のプロは、この有価証券報告書を読み込んでどの企業に投資するかを判断します。

しかし個人投資家レベルでアナリストと同じように有価証券報告書を読みこなすのは大変難しいだけでなく時間も非常にかかります。

そして有価証券報告書の最大のネックは「閲覧できるようになる

までに時間がかかる」という点です。決算短信は原則として企業の決算日から45日以内の発表が要請されていますが、有価証券報告書の場合は決算日の3カ月後までで〇Kだからです。企業はまず、決算情報の速報版として決算短信を出し、その後、じっくり時間をかけてより詳しい報告書（有価証券報告書）を出すのです。

　個人投資家が最新の企業業績をチェックするためにはまず決算短信で確認してください。その上で、その企業のことをさらに詳しく知りたい、という場合には有価証券報告書を見るようにするとよいでしょう（図表❶-④）。

図表❶-③　有価証券報告書の構成（抜粋）

企業の概況	沿革や事業内容、関係会社、従業員の状況などが記載されている
事業の状況	業績や生産・販売・受注状況、研究開発活動などが記載されている
設備の状況	設備状況や設備投資の概要、将来の設備計画が記載されている
提出会社の状況	株式や大株主の状況、役員の状況などが記載されている
経理の状況	決算書やそれに関連する情報が記載されている

図表❶-④　決算書を用いた銘柄選び3つのステップ

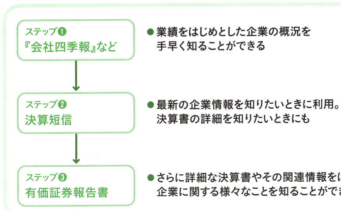

ここまで、将来業績が伸びて株価も上昇しそうな企業や、企業価値に比べて株価が割安になっている企業を探すために「決算書」を使うことが有効なこと、その情報源としてまずは会社四季報、必要に応じて決算短信や有価証券報告書を見ることをお話ししました。
　まだピンとこないかもしれませんが大丈夫です。ここから先の各章で、決算書を読みこなすのに必要な基礎知識や会社四季報、決算短信などを有効活用する方法をわかりやすく説明します。

第1章
情報満載！会社四季報を使い倒せ！

成長株、割安株、そして復活株

では、ここからは決算書を使って「成長株」と「割安株」を見つける具体的な方法を紹介しましょう。

その前に一度おさらいです。「成長株」と「割安株」とはどんな株のことだったでしょうか。

- 「成長株」⇒ 売上や利益が年々増加していて、今後も増加が見込まれる企業の株
- 「割安株」⇒ 企業価値と比較して、株価が割安になっている企業の株

実はこの「成長株」と「割安株」以外に筆者が注目するもう1つのカテゴリーがあります。それを筆者は「復活株」と呼んでいます（図表❶‐①）。

「復活株」とはその言葉どおり、まさにどん底から不死鳥のようによみがえる企業の株を指します。

図表❶‐① 成長株・割安株・復活株

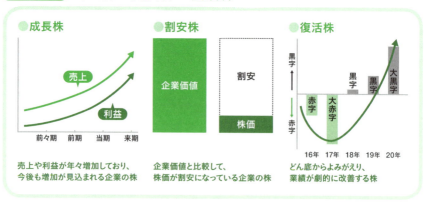

赤字が続いて業績も最悪、もしかしたら倒産してしまうのではないかと思われていたのに、気づいたら黒字転換、さらには利益をますます伸ばしていく……。こんな夢のような企業も存在するのです。

　こうした株は、もともと株価が徹底的に安値まで売り叩かれた水準から上昇しますので、上昇率が半端ではありません。株価が10倍以上に上昇することも珍しくありません。

　本章では、個人投資家必携の『会社四季報』などの銘柄情報誌を使って、「成長株」「割安株」そして「復活株」を見つけ出す方法を説明していきます。

そもそも『会社四季報』ってなに？

　『会社四季報』とは、上場企業の事業内容、最近の概況、業績、財政状態、株主の状況などといった、株式投資に役立つ情報がコンパクトにまとまった書籍です。**年4回、毎年3月、6月、9月、12月のそれぞれ中旬頃に発行されます。**上場する各企業がどんな企業なのかその概要を調べたり、投資する銘柄を選ぶために、多くの個人投資家が用いているまさに株式投資のバイブルです。

　会社四季報の特徴の1つとして、当期および来期の将来2期分の業績予想が掲載されている点が挙げられます。

　株価は過去の結果ではなく将来の業績を織り込んで動くものです。投資銘柄を選ぶにあたって特に重要な、企業の将来の業績予想を知ることができる点は非常に有用です（図表❶－②）。

図表❶-② これが会社四季報だ！

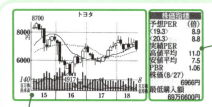

株価チャート
過去3年間の月足チャートを掲載

株価指標
PERやPBRといった株価の割安度を測る指標を掲載

資本異動・株価
過去の増資や株式分割等による株式数の変動や過去の株価を掲載

財務
自己資本比率、有利子負債、ROE、キャッシュ・フローなど企業の安全性や収益性に関する情報を掲載

株主・役員・連結会社の状況
大株主や外国人・投信の保有割合などに注目

業績
過去の業績や今後の予想、配当金などを掲載

最近の動向や今後の注目点についての記事

企業の概要や事業内容

出典：会社四季報2018年4集

「成長株」の探し方
業績が伸びている企業を見つけよう

「成長株」を探すとき注目すべきはなんと言っても**売上高や利益が毎期順調に伸びているか**どうかという点です。

そこで、まずチェックすべきは業績欄となります（図❶－③）。

会社四季報の業績欄には、過去3～5期分の業績（売上高、営業利益、経常利益、当期純利益）と、当期および来期の2期分の業績予想、および第2四半期決算（いわゆる中間決算）の数値が掲載されています（発売号や企業の決算期の違いによって、これとは若干異なる構成になっている場合もあります）。

まず、**過去3年程度の業績の推移を見て、売上高と利益が毎年増加傾向にある企業を探しましょう**。あるいは、気になっている企業

図表❶－③ 成長株の特徴

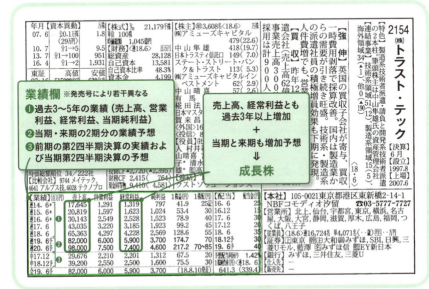

※現在はオープンアップグループに社名変更されています。

出典：会社四季報2018年4集

のページを見て、その企業の売上高と利益をチェックする方法でも結構です。とりあえずは売上高と経常利益を見ればOKです。

　ただ、過去3年程度の期間だと、本物の成長株だけではなく、成長株ではないのにたまたま過去3年は増収増益で調子が良かった、という企業もかなり混ざってしまいます。

　そうした企業を外すためには、過去10年間の業績の推移をチェックする必要があります。過去10年間の業績が、増収増益の傾向で推移していれば問題ありません。そうではなく、年によって売上や利益の増減が大きくなっている企業は、成長株ではない可能性が高いので外してしまってもよいでしょう。

　図表❶-④、❶-⑤をご覧ください。会社四季報を見る限りでは、どちらも増収増益が続いていて、成長株であるように見えます。しかし過去10年の業績を見ると、大きな違いが見えてきます。

図表❶-④ 会社四季報では成長株に見えるが…

ニトリホールディングス (9843)

【業績】(百万円)	売上高	営業利益	経常利益	純利益	1株益(円)	1株配(円)	【配当】	配当金(円)
連16. 2	458,140	73,039	75,007	46,969	425.1	65	16. 2	35
連17. 2	512,958	85,776	87,563	59,999	540.9	82記	16. 8	35
連18. 2	572,060	93,378	94,860	64,219	574.5	92	17. 2	47
連19. 2予	614,000	100,000	101,000	68,700	613.0	97	17. 8	45
連20. 2予	640,000	103,000	104,000	70,000	624.6	97～100	18. 2	47
中17. 8	283,947	48,142	48,640	35,033	313.7	45	18. 8予	47
中18. 8予	304,400	53,200	53,700	35,800	319.4	47	19. 2予	50
四17. 2～ 5	147,516	25,719	26,010	19,081	170.9		予想配当利回り	0.57%
四18. 2～ 5	157,648	30,426	30,678	19,720	176.1		1株純資産(円)〈連18. 5〉	
会19. 2予	614,000	99,000	100,000	68,000	(18.3.27発表)		4,073 (3,939)	2018年4集

東京エレクトロン (8035)

【業績】(百万円)	売上高	営業利益	経常利益	純利益	1株益(円)	1株配(円)	【配当】	配当金(円)
連16. 3	663,948	116,788	119,399	77,891	461.1	237	16. 3	112
連17. 3	799,719	155,697	157,549	115,208	702.3	352	16. 9	128
連18. 3	1,130,728	281,172	280,737	204,371	1,245	624	17. 3	224
連19. 3予	1,400,000	366,000	366,000	270,000	1,645	823	17. 9	277
連20. 3予	1,600,000	420,000	420,000	300,000	1,828	914	18. 3	347
中17. 9	516,976	123,318	123,066	90,668	552.6	277	18. 9予	390
中18. 9予	690,000	173,000	173,000	128,000	779.9	390	19. 3予	433
四17. 4～ 6	236,396	54,790	55,149	41,252	251.4		予想配当利回り	4.30%
四18. 4～ 6	295,569	72,418	75,212	55,741	339.7		1株純資産(円)〈連18. 6〉	
会19. 3予	1,400,000	366,000	366,000	270,000	(18.4.25発表)		4,657 (4,674)	2018年4集

両社とも、毎年増収増益で成長株に見えるが…

過去10年の業績が増加傾向にある場合は成長株と判定します。一方、年により業績が大きくぶれている場合は、成長株ではないと判定するのです。

余裕があれば、ここまで検証したほうが、成長株をより効果的に探すことができます。

もちろん、過去の業績がぶれていても、今後将来的には成長株に

図表❶-⑤ 過去10年の業績を見ると真の成長株かどうかがわかる

●成長株の例：ニトリホールディングス（9843） （単位：百万円）

	売上高	経常利益	当期純利益
2009年2月期	244,053	33,969	18,353
2010年2月期	286,186	47,430	23,838
2011年2月期	314,291	53,594	30,822
2012年2月期	331,016	59,151	33,548
2013年2月期	348,789	62,195	35,811
2014年2月期	387,605	63,474	38,425
2015年2月期	417,285	67,929	41,450
2016年2月期	458,140	75,007	46,969
2017年2月期	512,958	87,563	59,999
2018年2月期	572,060	94,860	64,219

10年間で見ても、毎年増収増益を続けている ➡ まさに成長株！

●成長株とはいえない例：東京エレクトロン（8035） （単位：百万円）

	売上高	経常利益	当期純利益
2009年3月期	508,082	20,555	7,543
2010年3月期	418,636	2,558	△9,033
2011年3月期	668,722	101,919	71,924
2012年3月期	633,091	64,046	36,725
2013年3月期	497,299	16,696	6,076
2014年3月期	612,170	35,487	△19,408
2015年3月期	613,124	92,949	71,888
2016年3月期	663,948	119,399	77,891
2017年3月期	799,719	157,549	115,208
2018年3月期	1,130,728	280,737	204,371

10年間で見ると、業績が凸凹していることがわかる ➡ 成長株とはいえない！

なるものもあるでしょう。しかし、約3900社もある上場企業の中から投資対象とする銘柄を絞るためには、ある程度割り切ってしまったほうが効率よく探すことができます。

次に、業績予想に目を向けましょう。ここには当期と来期の売上や利益の予想が掲載されています。

図表❶-⑥をご覧ください。パソコン用低価格パッケージソフト販売などを手掛けるソースネクスト（4344）の2018年2集の業績欄を見ると、2019年3月期の売上高は11000百万円、営業利

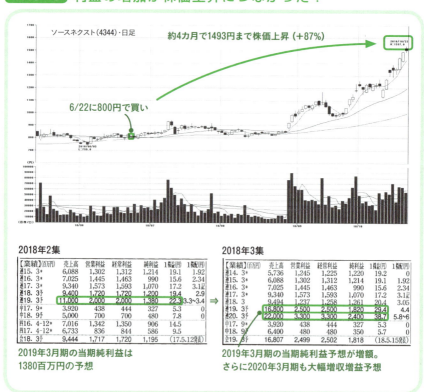

図表❶-⑥ 利益の増加が株価上昇につながった！

ソースネクスト（4344）

益および経常利益は2000百万円、当期純利益は1380百万円と予想されています。

しかし、2018年6月に発売された2018年3集の業績欄では、2019年3月期の業績予想が大幅に上方修正されています。そして2020年3月期も大幅な増収増益予想となっています。これは、2017年末に投入した自動通訳機の売り上げが大きく伸びているためです。

この時点（2018年6月）で、今後業績の大幅な伸びが期待できることから、ソースネクスト株を「買い」と判断し、6月22日に買ったとしましょう。

2018年6月22日の株価は800円近辺でしたから、2018年10月19日の高値1493円まで約4カ月で87％も上昇したことになります。

この間、日経平均株価は22516円から22532円へと、ほぼ横ばいであったことを考えると、ソースネクスト株への投資がいかに魅力的なものであったかがよくわかります。

しかし、過去の業績が売上、利益とも順調に増加していても、当期以降、売上や利益が減ってしまうような予想であれば、「成長株」とは言えません。

株価は将来を見据えて動きますので、将来に向かって売上や利益が成長していなければ株価の上昇は見込みにくいのです。成長株としてのそれまでの評価が剥がれ落ち、株価にマイナスの影響を及ぼすこともあります。

また、売上や利益が将来増加する見込みであっても、**それまでの増加スピードに比べて明らかに鈍化しているようなケースも要注意**

です。投資家が増加スピードの鈍化にがっかりして、保有株を売ってしまうことも考えられるからです。

図表❶-⑦のビーブレイクシステムズ（3986）は、2017年6月期までは高成長だったものの、2018年6月期以降の利益の増加スピードの減速が嫌気され、株価が低迷してしまっていることがわかります。

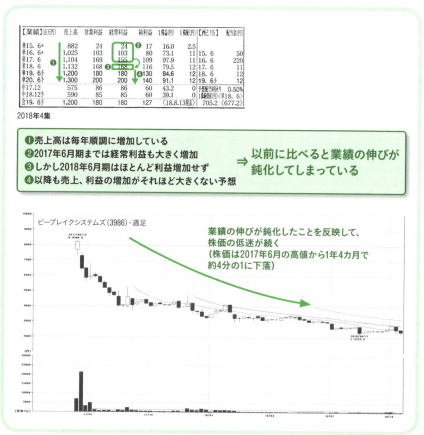

図表❶-⑦　業績の伸びが鈍化している…

❶売上高は毎年順調に増加している
❷2017年6月期までは経常利益も大きく増加
❸しかし2018年6月期はほとんど利益増加せず
❹以降も売上、利益の増加がそれほど大きくない予想

⇒ 以前に比べると業績の伸びが鈍化してしまっている

業績の伸びが鈍化したことを反映して、株価の低迷が続く
（株価は2017年6月の高値から1年4カ月で約4分の1に下落）

ビーブレイクシステムズ（3986）

「割安株」の探し方
株価が、その企業の価値よりも安かったらお買い得！

「割安株」とは、実際の株価が企業価値より明らかに低くなっている株のことです。

「割安株」を見つけるには、「ＰＥＲ」「ＰＢＲ」「配当利回り」といった株価指標を使います。

これらの株価指標については第３章にて詳しくその意味や活用法、注意点を説明しますが、簡単に説明すると図表❶－⑧のとおりです。

会社四季報には図表❶－⑨のように各銘柄のＰＥＲ、ＰＢＲおよび配当利回りが記載されています。これをもとに割安株を探しましょう。

ただし、これらの株価指標は、**会社四季報発売の３週間ほど前の株価を基準にして計算されたもの**ですので、その後、株価は変動しています。

そこで、**図表❶－⑧の計算式の株価の箇所を現時点の株価に置き換えて**、自分で計算してみましょう（図表❶－⑨）。

株式投資に不慣れな間は、株価指標から見た割安株に投資する際には、業績が不安定な銘柄は避け、**毎期しっかりと利益をあげている銘柄から選ぶことをお勧めします**。特に、ＰＥＲや配当利回りの面から見た割安株を見つけるには、毎年そこそこの利益をあげていて、配当金も安定しているような企業を対象とするとよいでしょう。なぜなら、**ＰＥＲや配当利回りはその性質上、利益や配当金が大きく変動する銘柄に対しては信頼度が低くなり**、指標として使いづらいからです。この点についても詳しくは第３章で説明します。

図表❶-⑧ PER、PBR、配当利回り

●PER（株価収益率）
ピーイーアール

$$PER（倍） = \frac{株価}{1株当たり（予想）当期純利益}$$

株価が1株当たり（予想）当期純利益の何倍まで買われているかを表す。低いほど株価が割安とされる。

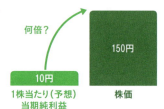

$$\frac{150円}{10円} = \boxed{15倍} \text{ PER}$$

●PBR（株価純資産倍率）
ピービーアール

$$PBR（倍） = \frac{株価}{1株当たり純資産}$$

株価が1株当たり純資産の何倍の水準かを表す。
1倍を割り込むと株価は割安とされる。

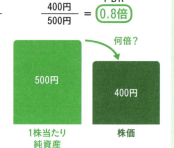

$$\frac{400円}{500円} = \boxed{0.8倍} \text{ PBR}$$

●配当利回り

$$配当利回り（\%） = \frac{1株当たり（予想）配当金}{株価} \times 100$$

配当金により年利何パーセントの利回りになるかを表す。
高いほど株価は割安とされる。

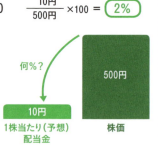

$$\frac{10円}{500円} \times 100 = \boxed{2\%} \text{ 配当利回り}$$

図表❶-⑨ 四季報を使ってPER、PBR、配当利回りを計算しよう

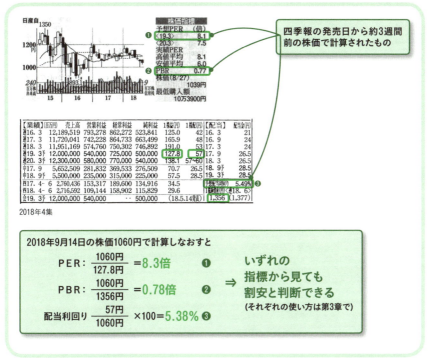

日産自動車(7201)

「復活株」の探し方
"赤字縮小・黒字転換"がポイント

「復活株」のポイントを一言で言えば、「どん底からの飛躍」です。したがって、**過去の業績欄をチェックして、赤字続きながらも赤字額が縮小している企業や、前期は赤字であったものの当期以降は業績が回復する予想である企業**を探しましょう。

例えば図表❶-⑩のシャープ(6753)は、2016年3月期に大赤字となり、株価も2016年8月には870円(株式併合考慮後)

まで下落してしまいました。しかし2017年3月期は赤字縮小、2018年3月期には大幅な黒字転換を図りました。株価も870円の安値をつけてからわずか8カ月後には5040円まで6倍近くの上昇となりました。

ただし、赤字続きの企業の場合、たとえ当期以降の業績予想が赤字大幅縮小や黒字転換など、回復を見込んでいたとしても、そのとおりにならない可能性もあるので十分注意してください。

図表❶-⑩ 復活株を探せ！

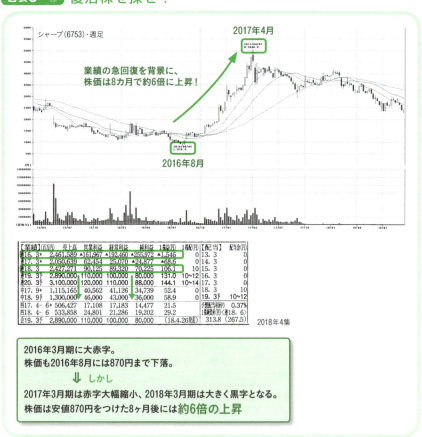

シャープ（6753）

こうした事態を防ぐには、第4章で詳しく説明しますが、**「株価が下降トレンドである間は買わない」**ことが有効です。
　一般的に、株価は企業の実際の業績よりも早く底打ちするため、業績の回復予想が本物であれば、株価が先に反応して上昇を始めている可能性が高いからです。

　もう1つ注意してほしいのが、「復活株」の中には倒産と紙一重のような銘柄もあるということです。復活する……と見せかけて、浮上せず潰れてしまう会社も中にはあるのです。
　そこで、**財務欄をチェックして、倒産の可能性の低い企業を選ぶ**ようにしてください。
　具体的な見極め方は38ページの「財務状況のチェックで、倒産の危険度を探ろう」をご覧ください。

注意！ 業績予想はあくまでも「予想」です

　「成長株」や「割安株」、「復活株」を探すときには、業績予想の内容を見るわけですが、そこで大いに気をつけたいのは、この**業績予想はあくまでも「予想」にすぎない**という点です。実際の決算数値が業績予想どおりになることは少なく、図表❶-⑪のように業績予想と大きくかけ離れた決算となることも決して珍しくありません。業績予想を過信するのは禁物です。
　特に、**輸出や輸入の割合の高い企業（電機、自動車、食品など）や資源関連の企業（石油、石炭、金属、商社など）のように、為替相場や商品市況によって利益が大きく変動する企業**では、なおのこと業績予想は参考程度に見ておくようにしましょう。

図表❶-⑪ 業績予想と実績が大きく異なったケース

【業績】(百万円)	売上高	営業利益	経常利益	純利益	1株益(円)	1株配(円)	【配当】	配当金(円)
連15. 6*	1,809	179	149	70	27.2	0		
連16. 6*	2,120	267	247	164	64.0	0	14. 6	0
連17. 6	2,294	280	264	315	107.6	0	15. 6	0
連18. 6予	2,650	370	320	270	89.9	0	16. 6	0
連19. 6予	2,900	420	370	300	99.8	0	17. 6	0
中16.12	1,148	123	114	89	30.9	0	18. 6予	0
中17.12予	1,300	180	170	100	33.3	0		
四16. 7- 9*	589	69	62	48	17.2		予想配当利回り	—%
四17. 7- 9	544	16	13	9	3.0		1株純資産(円)(連17. 9)	
会18. 6予	2,650	369	324	266	(17.8.14発表)		276.4 (272.3)	

2018年1集

営業利益、経常利益とも増加予想だったが…

⇩

【業績】(百万円)	売上高	営業利益	経常利益	純利益	1株益(円)	1株配(円)	【配当】	配当金(円)
連14. 6*	1,702	129	102	68	26.7	0		
連15. 6*	1,809	179	149	70	27.2	0	14. 6	0
連16. 6*	2,120	267	247	164	64.0	0	15. 6	0
連17. 6	2,294	280	264	315	107.6	0	16. 6	0
連18. 6	2,410	11	▲15	57	19.1	0	17. 6	0
連19. 6予	2,700	70	40	30	10.0	0	18. 6	0
連20. 6予	3,000	200	170	150	49.9	0	19. 6予	0
中17.12	1,136	37	27	73	24.4	0	予想配当利回り	—%
中18.12予	1,200	30	20	20	6.7	0	1株純資産(円)(連18. 6)	
会19. 6予	2,696	69	36	29	(18.8.10発表)		292.4 (272.3)	

2018年4集

実際は、経常利益マイナス、営業利益も大幅減益に

※リファインバース(6531)は、2021年7月の株式移転により、リファインバースグループ(7375)の完全子会社となり、上場廃止となりました。

　また、配当金予想も業績予想と同様に、実際に支払われる金額が予想と異なることがありますので注意が必要です。

　会社四季報を用いた銘柄選びで個人投資家が特に失敗しやすいのが、この業績予想を頼りに「この銘柄は今後も利益が伸びる」とか「赤字続きだったけれど来期以降は業績が急回復する」と信じて投資をしてしまうことです。もし実際の業績が予想とかけ離れた結果だった場合、株価が大きく下がって多額の含み損を抱えてしまう恐れもあるのです。

　でも安心してください。こうした失敗は株価のトレンドに基づいて売買をすること、そして損切りをしっかりと行うことで大部分は防ぐことができます。この点については第5章で詳しく説明しています。

前号の数値と比較してみよう

　四季報で業績欄を見ることに慣れてきたら、ワンランク上のチェック方法を試してみましょう。**四季報の今号と前号とを見比べてみて、業績予想の数値が違っていないか比較する**のです。

　目をつけていた成長株について、**前号より業績予想が上方修正されていたら成長性がさらに高まった**ということが言えますし（図表❶-⑫①）、**赤字予想だった復活株が黒字転換になっていたならば**、いよいよ本格復活の狼煙（のろし）があがったと言えます（図表❶-⑫②）。
　逆に**下方修正されている場合は今後の株価が軟調になる恐れがある**ため要注意です。成長株であれば、成長の鈍化が嫌気されて株価が頭打ちや下落に転じる可能性もあります（図表❶-⑫③）。プラスマイナスゼロまで回復予想だった復活株が再び赤字との予想に修正されれば、がっかりした投資家が売りに回り、せっかく上昇しかけた株価が再び底値へ向かってしまうかもしれません（図表❶-⑫④）。

　また、例えば3月決算の企業の場合、3月発売の春号（2集）に載るのは、まだ決算の予想数値ですが、6月発売の夏号（3集）では、確定した決算数値が掲載されます。このように、前号は予想値であったものが、決算が終わった後の最新号では確定値が記載されている場合、**確定値が予想値より上振れたか下振れたかどうかで、その後の企業業績が好調に推移しそうかどうかを推測することができ**ます。

図表❶-⑫ ①成長株・上方修正のケース

【業績】(百万円)	売上高	営業利益	経常利益	純利益	1株益(円)	1株配(円)	【配当】	配当金(円)
連14. 3*	239	110	113	68	19.2	0		
連15. 3*	521	149	167	118	30.7	0	14. 3	0
連16. 3*	948	256	248	159	31.7	13記	15. 3	0
連17. 3*	1,364	406	408	266	42.3	16.5特	16. 3	26
連18. 3*	1,997	551	559	324	48.5	20特	17. 3	33
連19. 3予	2,400	700	700	460	68.5	24特	18. 3	40
連20. 3予	2,900	840	840	550	81.8	24特	19. 3予	24
中17. 9*	1,004	311	311	205	30.9	0	予想配当利回り	0.69%
中18. 9予	1,200	350	350	230	34.2	0	1株純資産(円)<連18. 3>	
会19. 3予	2,400	700	704	462	(18.5.14発表)		189.1	(160.1)

2018年3集

【業績】(百万円)	売上高	営業利益	経常利益	純利益	1株益(円)	1株配(円)	【配当】	配当金(円)
連16. 3*	948	256	248	159	31.7	13記		
連17. 3*	1,364	406	408	266	42.3	16.5特	14. 3	0
連18. 3*	1,997	551	559	324	48.5	20特	15. 3	0
連19. 3予	2,650	850	850	550	81.8	24特	16. 3	26
連20. 3予	3,000	980	980	620	92.3	24特	17. 3	33
中17. 9*	1,004	311	311	205	30.9	0	18. 3	40
中18. 9予	1,200	400	400	250	37.2	0	19. 3予	24
四17. 4- 6*	473	143	143	96	14.5		予想配当利回り	0.48%
四18. 4- 6	706	255	258	174	26.0		1株純資産(円)<連18. 6>	
会19. 3予	2,650	850	854	546	(18.8.13発表)		194.9	(189.1)

2018年4集

2019年3月期、2020年3月期予想を増額修正
⇓
高成長への期待がさらに高まる形に

ダブルスタンダード(3925)

図表❶-⑫ ②復活株・上方修正のケース

【業績】(百万円)	売上高	営業利益	経常利益	純利益	1株益(円)	1株配(円)	【配当】	配当金(円)
単13. 8	2,837	136	137	73	39.9	10	13. 8	10
単14. 8	2,935	165	167	94	51.2	15記	14. 8	15
連15. 8	3,457	74	79	25	13.6	10	15. 8	10
連16. 8	3,806	▲164	▲163	▲246	▲133.5	2	16. 8	2
連17. 8	3,955	▲152	▲152	▲161	▲87.6	2	17. 8	2
連18. 8予	4,300	5	5	▲15	▲8.1	2	18. 8予	2
連19. 8予	4,500	30	30	15	8.1	2	19. 8予	2
中18. 2	2,057	▲3	▲2	▲18	▲10.2	0	予想配当利回り	0.43%
中19. 2予	2,150	0	0	▲10	▲5.4	0	1株純資産(円)<連18. 2>	
会18. 8予	4,279	4	5	▲17	(17.10.10発表)		226.2	(238.6)

2018年3集

2017年8月期まで連続赤字。
2018年8月期は改善見込むものの
最終赤字継続

【業績】(百万円)	売上高	営業利益	経常利益	純利益	1株益(円)	1株配(円)	【配当】	配当金(円)
連15. 8	3,457	74	79	25	13.6	10	13. 8	10
連16. 8	3,806	▲164	▲163	▲246	▲133.5	2	14. 8	15
連17. 8	3,955	▲152	▲152	▲161	▲87.6	2	15. 8	10
連18. 8予	4,300	50	50	20	10.8	2	16. 8	2
連19. 8予	4,500	100	100	50	27.1	2~5	17. 8	2
中18. 2	2,057	▲3	▲2	▲18	▲10.2	0	18. 8予	2
中19. 2予	2,150	30	30	0	0.0	0	19. 8予	2~5
四16. 9- 5	2,989	▲116	▲115	▲111	▲60.7		予想配当利回り	0.38%
四17. 9- 5	3,091	25	26	11	6.0		1株純資産(円)<連18. 5>	
会18. 8予	4,279	4	5	▲17	(17.10.10発表)		242.5	(238.6)

2018年4集

2018年8月期予想を上方修正し、
黒字転換に。
2019年8月期予想も増額

地域新聞社(2164)

会社四季報の各銘柄のページの欄外では、前号と比べて業績予想がどう変化したかを、「前号並み」「前号比増額」「前号比減額」「大幅増額」「大幅減額」という表記で表しています。これを活用すれば、前号との変化が一目でわかるので便利です（図表❶ - ⑬）。

図表❶ - ⑫　③成長株・下方修正のケース

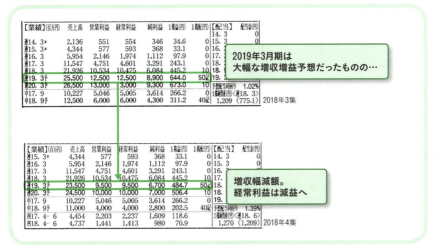

アカツキ（3932）

図表❶ - ⑫　④復活株・下方修正のケース

シリコンスタジオ（3907）

図表❶ - ⑬ 四季報の欄外で前号との変化がわかる

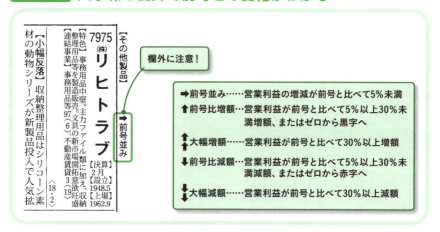

財務状況のチェックで、倒産の危険度を探ろう

　業績や指標をチェックしたらそれでもう「買い出動ＯＫ」なのかと言えば、ことはそんなに単純ではありません。

　次に、「倒産の危険性が高くないかどうか」をチェックしましょう。いくら「成長株」「割安株」「復活株」を探し出しても、その銘柄が倒産してしまえば元も子もないからです。

　筆者は、会社四季報を使って、投資を検討している企業の倒産危険性を必ずチェックするようにしています。これには主に財務状況の欄を使います。チェックする項目は次のとおりです。これらの事象に当てはまる数が多いほど倒産リスクは高いと判断できます（図表❶ - ⑬）。

　少し長い説明になってしまいますが、それだけ大事な箇所です。**ここで手を抜くと大きな損を被る危険もあるので、ぜひ理解してください。**

❶自己資本比率が低くないか

自己資本比率とは、総資産のうち自己資本の占める割合を表すものです。自己資本は貸借対照表純資産の部の株主資本とその他の包括利益累計額の合計です。

自己資本比率は高ければ高いほど安全性が高いと言えます。自己資本比率が80％以上であれば優良、50％以上なら合格点、逆に20％以下であれば安全性の面からのリスクが高まります。特に初

図表❶-⑬ 倒産の危険性を測るための7つのチェックポイント

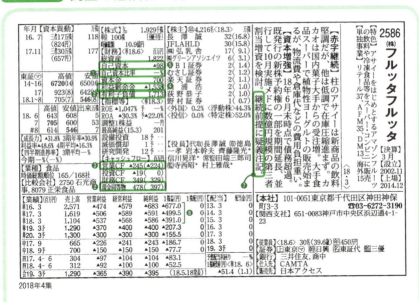

❶自己資本比率が低い（自己資本がマイナスのため算定不能）
❷現金同等物に比べて有利子負債が多い
❸営業キャッシュ・フローがマイナス
❹累積損失がある（利益剰余金が▲表示）
❺債務超過である（自己資本が▲表示）
❻赤字が3年以上続いている
❼継続企業の前提に疑義の注記がある

⇒ 7つすべてに該当している

該当数が多いほど倒産リスクが高まる

心者、初級者の方は20％以下の銘柄は避けておいたほうが無難でしょう。

❷有利子負債が多くないか

有利子負債とは貸借対照表の負債項目のうち、利子を支払わなければならないもののことです。具体的には借入金や社債のことです。

倒産の大きな原因の1つは借金が返せなくなることによるものです。したがって、有利子負債が多額である企業はそうでない企業より倒産リスクが高くなります。

ただ、多額の有利子負債があっても、その一方でキャッシュもそれなりに保有していれば、突然資金繰りに支障をきたす恐れは少ないと判断できます。そこで、筆者は**有利子負債の額と現金同等物の額を比較してリスクの程度を判断する**ことにしています。

会社四季報に記載されている「現金同等物」は、現金・要求払預金（当座預金や普通預金など）および換金が容易で低リスクの短期的投資（3カ月満期の定期預金など）を合計した金額であり、キャッシュ・フロー計算書（87ページ参照）における「現金及び現金同等物の期末残高」の金額を指します。

図表❶-⑭をご覧ください。

有利子負債の額より現金同等物の額が多ければ、いざとなれば借金を返済できるだけのお金があるということなので、倒産リスクは高くないと判断します。

有利子負債のほうが現金同等物より多い場合は、その差額が大きければ大きいほど、借入金と比較して手元にあるキャッシュが少ないことを意味しますから、倒産リスクは高まります。

例えば有利子負債500億円、現金同等物300億円であればそれほど倒産リスクが高いとは言えませんが、有利子負債500億円、現金同等物5億円といった場合は倒産リスクはかなり高いと感じま

す。

　そして、過去の会社四季報などを用いて、**時系列で有利子負債と現金同等物の金額を比べ、両者の差額が年々開いている場合は倒産リスクが上昇している**と判断することができます。

　ちなみに、筆者は、会社四季報のバックナンバーを捨てずに取っておいています。バックナンバーのある図書館で調べるということもできますが、気になったときにすぐに見ることができるので、10年分くらいは取っておくことをお勧めします。

　とはいえ、会社四季報の冊子を長年取っておくとかなりのスペースを必要としますし、株式投資を始めたばかりの方は過去の会社四季報を入手することも困難です。

図表❶-⑭　有利子負債と現金同等物の比較で倒産リスクを見る

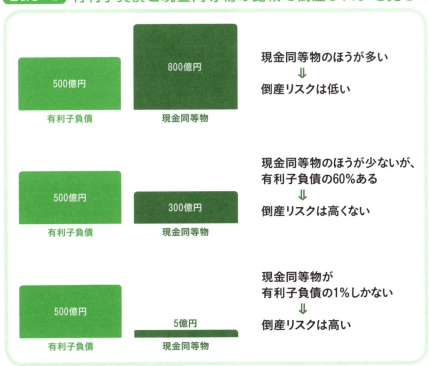

そんな場合は、会社四季報オンラインのプレミアムプランを申し込むと、過去の会社四季報のデータを全て閲覧することができて便利です。

なお、有利子負債がゼロ（＝無借金経営）であれば倒産の危険性は非常に小さいと言えますが、**たとえ無借金であっても赤字続きであったりキャッシュが減り続けている企業は安全性の面からは要注意です（図表❶－⑮）**。業績が低迷し続けてキャッシュがさらに減ってしまえば、やがては資金繰りに窮して倒産してしまう可能性もないとは言えないからです。

❸営業キャッシュ・フローがマイナスになっていないか

営業キャッシュ・フロー（営業ＣＦ）は本業によって企業が稼ぎ出したキャッシュのことです。

営業ＣＦがプラスということは、「本業でキャッシュが獲得できている」ことを表しますから、「企業のキャッシュが増える」という安全面のみならず、「キャッシュを稼ぐことができている」という業績面から見ても好ましい状態です。

企業活動の源泉はキャッシュです。キャッシュを生み出すことができなければ将来の利益獲得のための投資もできませんし、借入金を返済することもできません。

営業ＣＦがマイナスということは、損益計算書で言えば営業赤字と同じことです。本業によりキャッシュを稼ぐべきところが、逆にキャッシュが減ってしまっていることを表しているのです。

ただし、鉄鋼、化学、半導体など、業種によっては景気変動の影響を大きく受けるため、景気の悪いときには営業ＣＦのマイナスが避けられないこともあります。

そこで、営業ＣＦのマイナスが１期だけであれば、他のチェック

図表❶-⑮ 無借金だが赤字続きでキャッシュが減り続けている

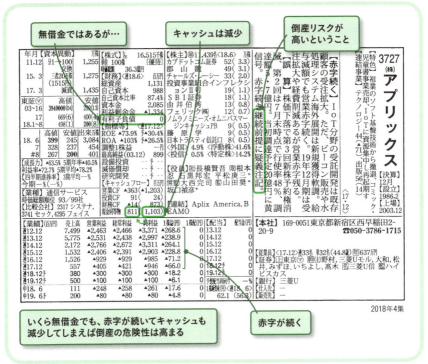

アプリックス(3727)

図表❶-⑯ 高成長だが営業CFが2期連続マイナス…

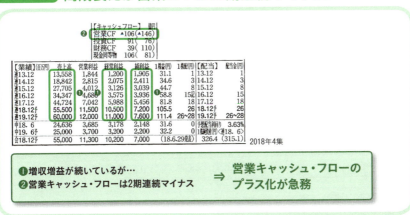

❶増収増益が続いているが…
❷営業キャッシュ・フローは2期連続マイナス
⇒ 営業キャッシュ・フローのプラス化が急務

日本エスコン(8892)

ポイント次第ですが目をつぶってもよいでしょう。

しかし、2期以上続けて営業ＣＦがマイナスの場合は、その企業の収益力に根本的な問題のある可能性が低くないため、投資対象からは外したほうが無難です。

なお、**高成長企業の中には利益は高水準なのに、将来の売上に備えて在庫を積み増したり、売上の伸びに売上金の回収が追いつかないなどの理由で、営業ＣＦのマイナスが2期以上続くこともあります**（図表❶－⑯）。

こういう株は、**業績面だけを見れば「成長株」なのですが、安全面ではリスクがやや高い**という判断をしておくべきでしょう。

また、リース会社のように、事業の特性上営業キャッシュ・フローが恒常的にマイナスになる業種もあります。その場合は、営業キャッシュ・フローの要素を除いて倒産の危険度を判断するとよいでしょう。

❹累積損失がないか

貸借対照表の純資産の部に計上された、過去の利益の蓄積のことを「利益剰余金」と言います。利益剰余金が多ければ多いほど、その企業は多少の赤字にも十分耐えられる体力を持っていると言えます。**総資産（これも四季報の財務欄に載っています）の30％以上の利益剰余金があれば、十分に優良**と考えてよいでしょう。

逆に、利益剰余金が▲表示になっている企業もあります。この状態を「累積損失がある」とか「欠損金がある」と言います。つまり、過去のその会社の損益の蓄積がプラスではなくマイナスの状態です（図表❶－⑰）。

こうした企業は**過去のトータルの損益が赤字なのですから、将来**

図表❶-⑰ 累積損失と債務超過

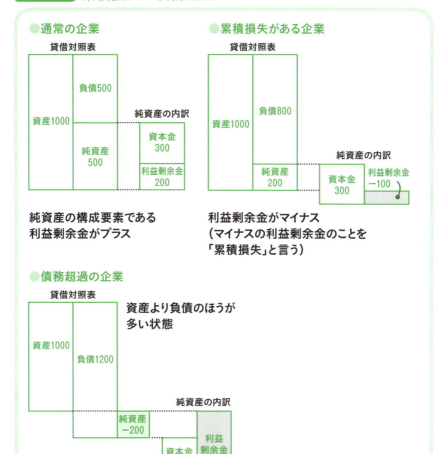

の業績面も不安定な状況になりそうだと推測できます。安全面を重視するなら累積損失がある企業は避けるのが無難です。

❺債務超過になっていないか

　自己資本が▲表示になっている企業が時折あります。これは「債務超過」の状態に陥っていることを示しています。

債務超過とは、資産より負債のほうが多い状態を言います。つまり、資産をすべて売却、換金しても負債を全額返済することができないという危険な状態です（図表❶-⑰）。債務超過は、倒産リスクの観点から見て非常にリスクの高い状況と言えます。

また、**債務超過が1年以内に解消できなかったときは、上場廃止になってしまいます**。上場廃止は倒産ではないものの、株式を証券取引所で自由に売買することができなくなり、株価にも悪影響を及ぼします。

安全面の観点からは、**債務超過の企業は避けるべき**でしょう。

❻赤字続きでないか

何年も赤字が続いている場合も注意しておきましょう。目安としては3年以上の赤字は要注意です。赤字続きであっても、財政状態がしっかりしていれば当面は問題ないことも多いですが、**赤字が続けば純資産も減少していくため、財政状態は悪化してしまいます。**

❼継続企業の前提に関する重要事象の記載がないか

会社概要の箇所に、「継続企業の前提に重要事象」や「継続企業の疑義注記」という記載がある場合は要注意です。この記載がある企業は、そうでない企業に比べて倒産リスクが高いと判断できるからです（詳しくは第2章94ページで説明します）。

以上の点をふまえて、改めて図表❶-⑬をご覧ください。この銘柄は7つのチェックポイントすべてに該当していますから、かなり倒産の危険性が高いと考えることができます。

それ以外にも、配当金が無配でないかどうか（業績が悪かったり財政状態が悪い企業は無配であることが多い。ただし高成長企業はあえて無配としていることもある）、監査法人が頻繁に交代してい

ないかどうか(監査法人が交代するということは何らかの問題が企業内に生じている可能性がある)といった点も注目しておきましょう。

なお、会社四季報を使ったこのような判別法は簡単で、**慣れてくれば1銘柄10秒程度で行うことができます**。簡便的な方法なので100%完璧に倒産リスクの高い企業を排除できるわけではありません。しかし、過去10年に倒産した企業の中で、このチェック方法で筆者が「倒産の危険性が高い」と判別できなかったケースは数社にすぎません。精度としてはかなり高いものと自負しています。

もし、絶対に倒産リスクを避けたいのであれば、例えば「自己資本比率80%以上」「有利子負債ゼロ」「過去5年間毎期安定して利益を計上している」「配当金を出している」という条件をすべて満たす企業から投資する銘柄を選択すればまず大丈夫でしょう。

そして投資した企業が万が一倒産した場合のダメージを減らすためにも、**複数の銘柄(できれば10銘柄以上)に投資資金を分散させておく**ことが重要です。

[会社四季報の裏ワザ❶]
株主構成に注目!

会社四季報には、業績や財政状態などの決算数値とは直接関係ないものの、銘柄選びに大いに役立つデータも数多く掲載されています。その中でも筆者が注目し、活用しているものに株主関連のデータがあります。

会社四季報の大株主一覧には、上位10人の大株主が掲載されて

います。この大株主の顔ぶれを見ると、「オーナー企業」と「他の上場企業の子会社」を見つけることができます。

「オーナー企業」とは、経営者が大株主である企業のことです。オーナー企業の大株主一覧を見ると、オーナーとその親族（大体は同じ名字なのですぐわかります）、そして資産管理会社が名を連ねています。資産管理会社とは、相続税対策などのためにオーナーの保有株の一部を持たせている会社のことです。

　業績が毎年伸びていて、株価が大きく上昇する「成長株」の多くはオーナー企業です。オーナー企業は、他の株主の意向をそれほど気にすることなく会社経営ができます。そのため、経営者は素早く思いきった判断・決断が可能となり、それが業績の伸びにつながることが多いのです。
　ですから、株価が将来大きく上昇する可能性のある企業を見つける際、オーナー企業であるかどうかは1つのポイントとなります。

「他の上場企業の子会社」とは、他の上場企業1社に50％超の持ち株を保有されている企業のことです（保有されている持ち株が50％以下の場合でも子会社となるケースもあります）。

　実は、オーナー企業や他の上場企業の子会社は、他の企業にはない特有のリスクがあります。それが株式強制買い取りリスクです。オーナー企業や他の上場企業の子会社では、**大株主であるオーナーや親会社が、TOB（株式公開買い付け）により投資家から株式を買い取り、非上場化することがよくあります。図表❶-⑱の両社はいずれもTOBが実施されました。**
　TOBは特に株価が低迷しているときに実施されやすくなります。

なぜなら、株価が低いほうがＴＯＢの買い取り価格を安く抑えることができるからです。

　ＴＯＢが実施されると、ＴＯＢ後も上場が維持されるケースを除き、既存株主は持ち株を売却しなければなりません。売却しないで

図表❶-⑱ 「オーナー企業」と「他の上場企業の子会社」

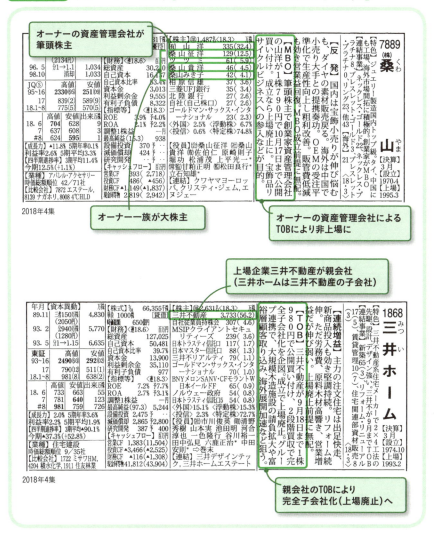

いると後日強制的に買い取られます。買い付け価格はＴＯＢ実施時近辺の株価を参考に決められるため、**過去に高い株価で買ったまま塩漬け状態で放置してある持ち株については、含み損が損失として強制的に実現させられてしまうのです。**

　オーナー企業や他の上場企業の子会社へ投資する場合は、そうでない企業へ投資するとき以上に株価の動きに注意を払い、**株価が下降トレンドになったら含み損が小さいうちに損切り**（第５章参照）をしておくことが重要です。

　また、他の上場企業の子会社の場合は、親会社株式との株式交換の手法が採られることもあります。この場合、せっかく子会社に魅力を感じて投資していたのにもかかわらず、強制的に親会社の株式と交換させられてしまいます。

コラム　財務大臣が大株主の企業とは？

　企業によっては、大株主欄を見ると「財務大臣」が登場していることがあります。これは国がその企業の株式を保有していることを意味し、２つのパターンがあります（図表❶-⑲）。

　１つは、日本郵政、ＮＴＴ（日本電信電話）、ＪＴ（日本たばこ産業）といった、**旧国営企業の場合**です。今でも財務大臣が筆頭株主として多くの株式を保有しています。

　もう１つは、オーナー企業で、オーナーの死去により相続が発生し、相続人が相続税を現金で支払えない場合に**自社の株式を物納することで相続税を支払ったケース**です。この場合、国がその企業の株式を保有することになることから、大株主欄に「財務大臣」が登場します（「関東財務局」などと表記される場合もあります）。

　いずれの場合も、将来的に国が持ち株を売却する可能性がありま

す。特に後者オーナー企業の場合は、国にとっていつまでも株式を持ち続けるわけにもいかず、換金のために早い時期に市場を通じて売却される可能性が高いと言えます。そのため、**将来の売り圧力になり、株価の上昇を阻害する要因となり得る点に注意が必要です。**

図表❶-⑲ 財務大臣が大株主の例

2018年4集　日本郵政、NTT、JTなどの旧国営企業は財務大臣が大株主に

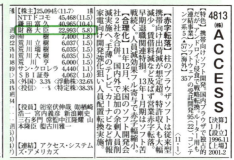

2012年1集　相続人がACCESS株式の物納により相続税を納付⇒財務大臣が株主になる

[会社四季報の裏ワザ❷]
外国人投資家、投信の持ち株比率に注目！

　会社四季報に掲載されている株主関連のデータの中では**「外国人持ち株比率」**と**「投信持ち株比率」**にも注目です（図表❶-⑳）。

　この2つの比率が高いほど、外国人や投資信託から優良企業として高く評価されていると言えます。

　では、そうした外国人や投資信託の持ち株比率が高い企業を選んで買えばよいのかと言えば必ずしもそうとは言えません。

　外国人や投資信託の持ち株比率がかなり高い場合は、**その株を買いたい外国人や投資信託はすでに買ってしまっている可能性があります。**そうすると、これ以上外国人や投資信託からの買いはあまり

多くは見込めないことになります。

逆に、そうした株は業績の悪化などなんらかの理由で外国人や投資信託が大量に持ち株を売ってくれば、株価は上がるどころか大きく下がってしまうでしょう。**特に外国人投資家は、一度売ると決めたら、株価がいくら下がろうがすべて売り切ることが多く、**まさかここまで、というくらい株価が大きく下がってしまうこともありますので気をつけてください。

筆者が好むのは、外国人持ち株比率や投信持ち株比率が数％程度の企業です。

こうした企業は、外国人や投資信託にようやく評価され始めた段階です。外国人も投資信託もまだ買い始めたばかりですから、ここから彼らのさらなる買いにより株価が大きく上昇する可能性が大いにあります。こうした企業に個人投資家が乗ってみるのも1つの戦略です。

また、過去の会社四季報を使うなどして、時系列で外国人持ち株比率や投信持ち株比率の推移をチェックするのも非常に有効です。

図表❶-⑳ 外国人・投資信託の持ち株比率

帝国通信工業(6763)

もし、**外国人や投信の持ち株比率が増加傾向にあるものの持ち株比率自体はまだ数％**、という場合は、**株価がここから大きく上昇する可能性が高い**と言えます。
　逆に、**外国人や投信の持ち株比率が減少傾向にあるのなら、今後もしばらくは株価下落圧力が高まる**ことになりますから注意が必要となります。
　図表❶-㉑をご覧ください。クックパッド（2193）は上場後順調に業績を伸ばしていましたが、2015年12月期をピークに業績が伸び悩んでいます。クックパッドの株価の推移をみると、外国人持ち株比率や投信持ち株比率の増加とともに株価も大きく上昇し、減少すると株価も大きく下落していることがわかります。

　なお、特にスタンダード市場、グロース市場銘柄（旧ジャスダック・マザーズなど）に多いのですが、外国人持ち株比率も投信持ち株比率もゼロという銘柄も結構あります。こうした銘柄は、外国人や投信が注目していないというより、流動性が低いなどの理由で外国人や投信が投資対象としていないと考えられます。
　そのような銘柄は個人投資家が売買の中心となりますから、外国人や投信の買いによる株価上昇という面からはあまり期待できません。

　また、外資系企業の傘下にある企業などは、必然的に外国人の持ち株比率が高くなります。その場合、「外国人持ち株比率」の中に、純粋な投資目的で保有している外国人と支配目的で保有している外資系企業の双方が混ざった状態にあります。ですから、**親会社である外資系企業の持ち株は差し引いて実質的な「外国人持ち株比率」を計算する**ようにしましょう（図表❶-㉒）。

図表❶-㉑ クックパッド(2193)の外国人、投信持ち株比率

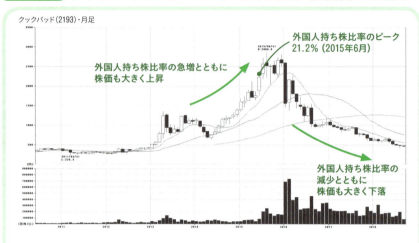

● クックパッド(2193)の外国人・投信持ち株比率の推移

年月	外国人持ち株比率	投信持ち株比率
2010年4月	5.1%	4.3%
2010年10月	6.8%	4.7%
2011年4月	5.8%	4.8%
2011年10月	8.0%	5.1%
2012年4月	6.0%	4.9%
2012年10月	8.3%	6.3%
2013年4月	8.1%	6.0%
2013年10月	10.2%	8.0%
2014年4月	8.4%	6.7%
2014年12月	18.7%	6.1%
2015年6月	21.2%	4.1%
2015年12月	20.5%	3.3%
2016年6月	15.6%	1.9%
2016年12月	18.7%	2.5%
2017年6月	19.2%	2.1%
2017年12月	14.8%	1.6%
2018年6月	12.8%	2.5%

出典:会社四季報

図表❶-㉒ 外資系企業の傘下にある銘柄

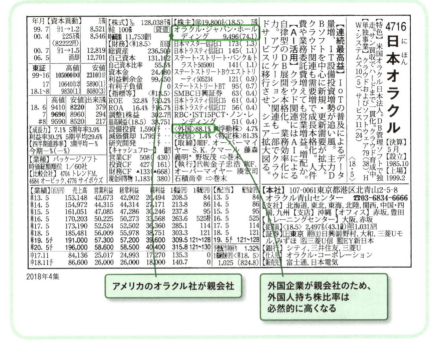

日本オラクル(4716)

「テーマ株」は取り扱いに要注意！

　冒頭で、株式を「成長株」「割安株」「復活株」という3つのカテゴリーに分類しました。実はこれ以外にもう1つ、個人投資家の方にぜひ注意していただきたいカテゴリーがあります。

　それが「テーマ株」と呼ばれるものです。以前は「材料株」などと呼ばれたりもしました。

テーマ株とは、その時々の株式市場において注目されているテー

マに関連した企業のことです。過去には例えば「仮想通貨」「ＡＩ（人工知能）」「自動運転」「フィンテック」といったテーマに関連した企業の株価が大きく上昇しました。

2013年には「バイオ関連」の銘柄が軒並み急上昇したのも記憶に新しいところです。

また、地震や水害といった自然災害が起きたときにも、それにより業績の改善が期待できる企業の株価が急上昇します。

さらには、特定のテーマではなく、その企業の個別的な要因（新技術開発や新商品発売など）による将来の業績変化に期待して株が大きく買われることもあります。

ポイントとなるのは、いずれのケースにおいても足元の業績がどうであるかは関係なく「将来の業績が大きく改善するだろう」という**投資家の期待により株価が大きく反応**しているという点です。

筆者は、個人投資家がテーマ株へ投資することはお勧めしません。**なぜならテーマ株は足元の業績の裏付けがなく、「将来の期待感」のみで株が大きく買われているからです。**

その期待感は非常にはかないものであり、多くの場合は**株価が短期間で大きく上昇した後、急速に下落**してしまいます。株価が上昇前の水準にまで戻ってしまうことも多々あります。

もし成長株であれば、足元の業績が好調であるため株価が長期間上昇しやすいですし、割安株であれば、株価はすでに割安な状態なのでそこから大きくは下がりにくいです。

しかし、テーマ株には成長株や割安株のような、株価を支える要因がありません。**投資家からの将来の業績変化という期待がしぼんでしまえば、株価はあっという間に値下がりしてしまうのです。**

図表❶-㉓をご覧ください。北海道が地盤の注文住宅会社である土屋ホールディングス（1840）は、2018年9月に突如株価が上昇しました。同月に北海道で大地震が発生し、同社の注文住宅の需要が増え、業績が改善する、との思惑からでした。しかしその後はすぐに反落し、株価は上昇前の水準にまで戻っています。

　もう1つ、図表❶-㉔をご覧ください。ブランジスタ（6176）はスマホ向けゲームが大ヒットしそうだという期待感から、2016年に入り株価が10倍近く急騰しました。しかし株価が天井をつけた後は逆に大きく下落、結局は2016年の上昇前よりも株価は安い水準となってしまいました。

　ブランジスタの業績の推移を見ると、驚愕の事実がわかります。株価が一時10倍以上に上昇したにもかかわらず、2016年9月期の業績の伸びはわずかにとどまり、その後は減益に転じているのです。
　まさに、業績が伴わず、将来の業績向上という淡い期待感だけで株価が上昇したというテーマ株の典型例です。

　個人投資家の多くは、テーマ株に積極的に投資する傾向があります。確かに短期間に株価が大きく上昇することが多いですから、「簡単に利益が狙えそう」と思ってしまいがちです。しかし実際に手掛けてみるとわかりますが、買ったとたんに株価が急落してしまうことが頻繁にあります。値下がりした株を持ち続けても株価が元に戻ることなく、ズルズルと下がり続けてしまうことが非常に多いです。
　株式投資で大きな失敗を避け、勝ち組投資家を目指すのであれば、テーマ株には手をださないようにするのが賢明です。

図表❶-㉓ テーマ株は一過性で終わることが多い

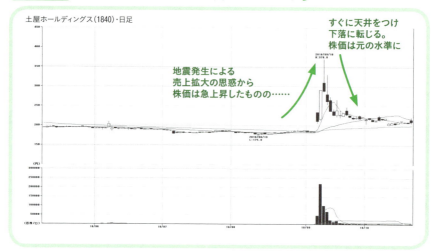

土屋ホールディングス(1840)

図表❶-㉔ 業績の裏付けのないテーマ株に注意

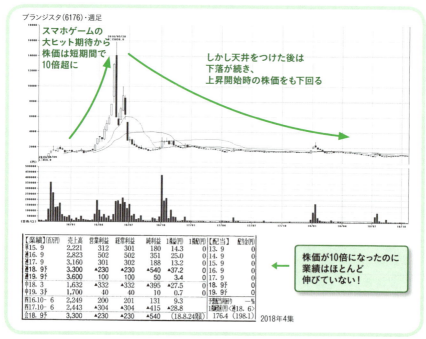

ブランジスタ(6176)

第2章

業績をタイムリーに知る！決算短信のチェックポイント

そもそも決算短信とは？

　会社四季報を見れば、銘柄選びで大体の判断をつけることができます。しかし、3カ月に1回しか発売されない会社四季報だけでは、タイムリーな情報を把握できないことがあるのも事実です。
　そんな会社四季報の弱点を補ってくれるのが「決算短信」。
　会社四季報のデータを見て「この部分が気になるなあ」とか、「もう少し詳しく知りたいな」という箇所があったとき、または最新の情報を知りたいときは決算短信を見るようにしましょう。四季報だけでははっきりとわからずもやもやしていた疑問点がスッキリ解消されるはずです。

〈こういうときは決算短信をチェック！〉
❶会社四季報だけでは追えないタイムリーな情報を把握する
❷会社四季報だけではわからない詳細な情報を調べる

　ところで、「決算短信」とはなんでしょうか？
　一言で言えば、決算短信は企業が公表する決算書類のことです。これを見れば、**企業の業績や財政状態、その他その企業への投資判断に役立つ情報が得られます。**
　上場企業は、証券取引所が定めるルールに基づいて決算短信を作成しますが、もう1つの決算開示書類である有価証券報告書と比べると、決算日から提出までの期間が短く、**原則として決算日から45日以内の提出が要請されています。**そのため、速報性が高い代わりに有価証券報告書より記載内容が簡略化されているのが特徴です。

決算短信の種類

決算短信には、年1回の本決算の際に開示される「決算短信」と、年3回、四半期決算ごとに開示される「四半期決算短信」があります。**3月決算の企業なら、多くは5月上旬頃に決算短信が、8月上旬、11月上旬、2月上旬頃にそれぞれ四半期決算短信が開示されます（図表❷-①）。**

なお、決算短信の開示時期は企業によって異なります。決算日から45日以内（つまり3月決算の企業なら5月15日まで）に開示することになっていますが、それより早い分にはいつでもいいのです。ですから企業によっては決算日から10日もたたないうちに発表するところもあります。

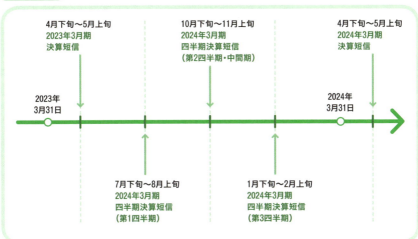

図表❷-① 3月決算企業の場合の決算短信開示スケジュール

決算短信はどういう構成か？

　決算短信は、まず1ページ目に、その企業の業績や財政状態、キャッシュ・フローの状況、配当の状況などがコンパクトにまとまった「サマリー情報」が掲載されます（図表❷-②）。このサマリー情報を見るだけで、企業の業績がどうだったか、財政状態やキャッシュ・フローの状況に何か問題はないか、ということを即座に知ることができます。

　サマリー情報の後ろには「添付資料」として、経営成績等の概況

図表❷-② 決算短信の1ページ目はこうなっている！

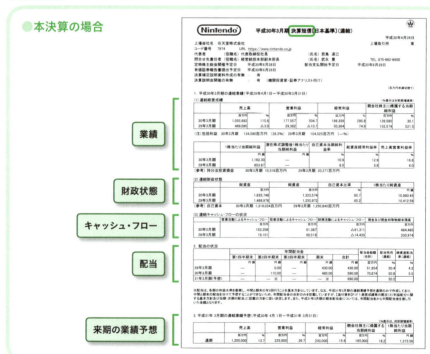

(当期の業績や今後の見通しなどについての企業自身の説明文)や連結財務諸表(**貸借対照表、損益計算書、キャッシュ・フロー計算書**といった決算書や、それに付随する情報)などが記載されています。

　四半期決算短信の場合も、1ページ目に、決算短信とほぼ同様の記載内容で業績や財政状態などをまとめた「サマリー情報」が掲載されます。図表❷-②で決算短信と見比べてみると、業績欄の各種利益率の指標がなかったり、キャッシュ・フローの状況の欄がなかったりと多少簡素化されていることがわかります。その後ろに「添付資料」として、定性的情報(四半期の業績や今後の見通し)や四半期連結財務諸表などが記載されています。四半期決算短信は決算短

●四半期決算の場合

任天堂(7974)

信に比べて、全体的に内容がかなり簡潔なものになっています（図表❷-③）。

なお、決算短信には必ず記載を要する事項と、記載が任意である事項、その他企業が独自に開示している事項があります。そのため、各企業により記載内容にかなりバラツキが見られます。ＩＲ（インベスター・リレーションズ。投資家向けの情報開示のこと）に積極的な企業ほど、記載内容が充実している傾向にあるようです。

図表❷-③ 決算短信と四半期決算短信の違い

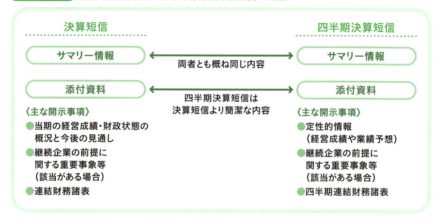

［決算短信の活用法❶］
サマリー情報で、最新の業績をチェックする

決算短信の重要な活用法の１つは、企業の最新の業績をタイムリーにチェックすることです。

例えば３月決算の企業の場合、決算短信による本決算の発表は多くが４月下旬から５月上旬にかけて行われます。しかし、その情報が会社四季報に掲載されるのは６月中旬の発売号です。

このように、会社四季報は３カ月ごとの発売のため、最新の企業

情報が開示されてもそれが反映されるのが１カ月～３カ月程度後になってしまいます。逆に言えば、**会社四季報に掲載されている情報は１カ月～３カ月前の情報**なのです。この、「会社は決算短信等により最新の情報を公表しているのに、会社四季報にはそのことが載っていない」という期間に、決算短信の情報をもとに株価が大きく上昇したり、下がったりすることは往々にしてあります。現在の情報化社会において、このタイムラグは致命的なものにもなりかねません。

そこで、最新の企業決算に関する情報は「決算短信」「四半期決算短信」から入手するようにしましょう。「決算短信」「四半期決算短信」は、それぞれの企業が上場している証券取引所のホームページで見ることができますし、今はほとんどの企業が自社のホームページでも開示しています。

なにはともあれ、まずは１ページ目のサマリー情報に注目です。

サマリー情報では、売上高や各種利益といった経営成績、総資産、純資産などの財政状態、キャッシュ・フローの状況、配当金について、前期と当期の比較形式で記載されています。さらに、来期の業績予想も記載されています（予想が困難として記載しない企業もあります）。このサマリー情報を見れば、企業業績の概要が一目でわかるようになっています。

その中でもまず注目すべきは、**当期の売上高と利益の実績と、来期の売上高と利益の予想です。これを会社四季報の予想数値と比べてみることが重要です**。場合によっては会社四季報の数値と大きく異なることも珍しくありません。例えば会社四季報を見て今後も高成長が続くと思い投資先候補としたものの、実際の決算結果は減収減益（売上も利益も前年より減少）だったり、来期の業績予想からは成長の鈍化が予想されるならば投資先候補から外すことも検討す

る、といった判断も必要になります。

　図表❷-④の任天堂（7974）の決算短信と会社四季報を見比べてみると、平成30年3月期の実績は四季報の予想値より良かったものの、平成31年3月期の予想は四季報より悪い数字です。このことから、任天堂の業績は平成30年3月期は絶好調、平成31年3月期も好調だが当初予想していたほどではなさそうだ、と想像で

図表❷-④ 決算短信と四季報を比べてみよう

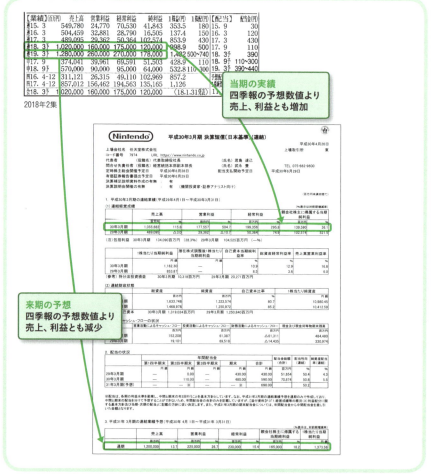

任天堂（7974）

きます。

　また、**低ＰＥＲで株価が割安と思っていた銘柄が、実際の決算実績や来期の業績予想を当てはめると逆にＰＥＲが高くなって株価が割高になってしまう、**ということもあります（ＰＥＲについては第3章参照）。

　このように、会社四季報を見る限りでは成長性が高い、もしくは株価が割安だと判断できても、実際の決算を見るとそうではなかった、というケースはよくあります（もちろんその逆のケースもあります）。そこで、投資先候補など、気になる企業の決算短信が発表されたら、できるだけ早く内容をチェックするようにしましょう。

　なお、決算短信による決算発表日より前であっても、実際の決算結果が事前に公表していた予想数値と大きく異なることが判明した時点で、企業は業績予想の修正を発表しなければなりません。決算短信の発表予定日が近づいてきたら、業績予想修正の発表にも注意しておきましょう。

　決算発表や業績予想修正発表の翌日には、日本経済新聞の朝刊にも決算内容や業績予想修正の内容が掲載されます（図表❷-⑤）。特に決算シーズン（3月決算企業の本決算であれば4月下旬から5月上旬頃まで）の間は、注目している企業のものが載っていないかどうか毎日チェックすることをお勧めします。気になる企業のホームページをのぞいて、新しい情報が出ていないか探してみるのも有効です。

　また、決算短信や四半期決算短信が発表された後、内容が訂正されることも結構あります。発表後の訂正の有無についても可能な限りホームページなどで確認しておきましょう。

　古い情報に基づいて誤った投資判断をしないためにも、会社四季

報をベースにしつつも常に最新の情報をキャッチアップすることが大切です。

図表❷-⑤ 日経新聞の業績欄をチェック！

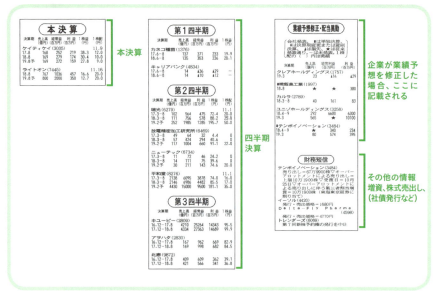

出典：2018年10月3日　日本経済新聞

［決算短信の活用法❷］
企業の経営成績や財政状態について詳しく知る

　会社四季報には過去数年間の業績の推移が載っているほか、最近の業績の概要が文章でコンパクトに書かれています。しかし、会社四季報で気になる企業を見つけたら、「なぜこの企業は高い成長を続けているのか」とか「毎年黒字を計上していたこの企業がなぜ当期になって突然大赤字になったのか」などと疑問が出てくることもあるのではないでしょうか。

　そんなときには決算短信の「経営成績等の概況」の箇所を読んで

みるといいでしょう。

ここには当期の業績や財政状態、キャッシュ・フローの状況についての具体的な説明や、今後の見通し・予想が記載されています。

こうした記載を読むことで、なぜこの企業が当期に大赤字となったのか、あるいはこの企業は来期以降も高成長が望めるか、といった、会社四季報だけではわからない情報を得ることができます。

例えば、日揮（現：日揮ホールディングス）（1963）はそれまで毎年堅調な業績で黒字決算を続けていましたが、平成29年3月期に突然大赤字となりました。この理由については図表❷-⑥の同社決算短信の「当期の経営成績の概況」の箇所を見ると、石油精製プロジェクトにおいて、建設工事費用の大幅な増加により損失を計上したことが原因であることがわかります。

図表❷-⑥　決算短信の「経営成績」のコメントも参考になる

日揮（株）（1963）平成29年3月期決算短信

1．経営成績等の概況
（1）当期の経営成績の概況
① 当連結会計年度の概況

当連結会計年度においては、原油価格の緩やかな回復およびその後の安定を受けて、産油・産ガス諸国においては設備投資計画を再開する動きが出てきており、当社グループを取り巻く事業環境の改善が見られました。今後も産油・産ガス諸国においては、自国の人口増加および経済成長のためのエネルギー・電力需要への対応ならびに外貨獲得を目的としたエネルギー輸出の拡大を背景として、大型のオイル＆ガス案件等の設備投資計画の着実な進展が期待されます。

このような状況のもと、当社グループは中東・北アフリカにおけるガス関連プロジェクトや、アジア・国内における発電プロジェクトの受注等により、連結受注高は5,062億円となりました。

今後、当社グループとしては、大型LNG（液化天然ガス）計画の進展まで数年かかると予測される環境下、LNG以外のオイル＆ガス分野およびインフラ分野の優良案件を確実に受注していくことが重要であると認識しております。引き続き、全社を挙げて付加価値の向上やコスト競争力の強化を推進し、受注活動に取り組んでまいります。また、既受注案件では、LNG分野を中心とする大型案件の確実な遂行に注力いたしましたが、**米国で遂行中の石油化学プロジェクトおよび中東で遂行中の石油精製プロジェクト等において、建設工事費用の大幅な増加により損失を計上した**ことから、当社グループの当連結累計期間の業績等については、以下のとおりとなり、**親会社株主に帰属する当期純損失は、220億57百万円**（前期は純利益427億93百万円）となりました。

経営成績

	当連結会計年度 （百万円）	前年同期増減率 （%）
売上高	693,152	△21.2
営業損失	△21,496	—
経常損失	△15,215	—
親会社株主に帰属する 当期純損失	△22,057	—

→ 当期大赤字となった理由がわかる

※2019年10月より日揮ホールディングスに社名変更。

［決算短信の活用法❸］
貸借対照表、損益計算書やキャッシュ・フロー計算書を見る

「貸借対照表」「損益計算書」「キャッシュ・フロー計算書」という名前は聞いたことがあるかもしれませんが、いずれも決算短信の中に含まれているものです。

貸借対照表とは、会社の資産と負債の中身を記したもので、ここから**重要な項目だけを抜き取ったのが、会社四季報の財務欄**になります。

また、損益計算書とは、売上高をはじめとした収益と、売り上げた商品の仕入高や経費といった費用を集計して、そこから利益を計

図表❷-⑦ 決算短信の3表と四季報の対応関係

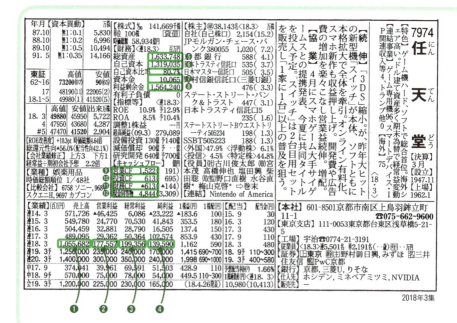

貸借対照表

任天堂株式会社(7974) 平成30年3月期 決算短信

4. 連結財務諸表及び主な注記

(1) 連結貸借対照表

(単位：百万円)

	前連結会計年度 (平成29年3月31日)	当連結会計年度 (平成30年3月31日)
資産の部		
流動資産		
現金及び預金	662,763	744,555
受取手形及び売掛金	106,054	69,829
有価証券	283,307	243,431
たな卸資産	39,129	141,796
繰延税金資産	332	10,834
その他	49,535	66,405
貸倒引当金	△379	△87
流動資産合計	1,140,742	1,276,764
固定資産		
有形固定資産		
建物及び構築物（純額）	38,707	36,094
機械装置及び運搬具（純額）	1,400	1,450
工具、器具及び備品（純額）	4,313	3,915
土地	42,133	41,812
建設仮勘定	3	653
有形固定資産合計	86,558	83,926
無形固定資産		
ソフトウエア	9,942	11,487
その他	2,882	2,533
無形固定資産合計	12,825	14,020
投資その他の資産		
投資有価証券	157,963	198,538
繰延税金資産	49,453	37,094
退職給付に係る資産	7,680	7,931
その他	13,753	15,503
貸倒引当金	△0	△30
投資その他の資産合計	228,851	259,037
固定資産合計	328,235	356,984
資産合計	1,468,978	**1,633,748** ❺

(単位：百万円)

	前連結会計年度 (平成29年3月31日)	当連結会計年度 (平成30年3月31日)
負債の部		
流動負債		
支払手形及び買掛金	104,181	138,015
未払法人税等	11,267	43,390
賞与引当金	2,341	3,217
その他	66,319	93,452
流動負債合計	184,109	278,076
固定負債		
退職給付に係る負債	19,245	16,609
その他	14,660	15,487
固定負債合計	33,895	32,097
負債合計	218,005	310,173
純資産の部		
株主資本		
資本金	10,065	**10,065** ❼
資本剰余金	13,356	13,671
利益剰余金	1,489,518	**1,564,240** ❽
自己株式	△250,601	△250,608
株主資本合計	1,262,339	**1,337,369** ❻
その他の包括利益累計額		
その他有価証券評価差額金	18,913	16,402
為替換算調整勘定	△30,312	△34,736
その他の包括利益累計額合計	△11,399	**△18,334** ❻
非支配株主持分	132	4,540
純資産合計	1,250,972	1,323,574
負債純資産合計	1,468,978	1,633,748

合計額

損益計算書

任天堂株式会社(7974) 平成30年3月期 決算短信

(2) 連結損益計算書及び連結包括利益計算書

連結損益計算書

(単位：百万円)

	前連結会計年度 (自 平成28年4月1日 至 平成29年3月31日)	当連結会計年度 (自 平成29年4月1日 至 平成30年3月31日)
売上高	489,095	**1,055,682** ❶
売上原価	290,197	652,141
売上総利益	198,898	403,540
販売費及び一般管理費	169,535	225,951
営業利益	29,362	**177,557** ❷
営業外収益		
受取利息	6,237	9,064
持分法による投資利益	20,271	10,318
その他	2,083	4,126
営業外収益合計	28,593	23,509
営業外費用		
売上割引	3	-
有価証券売却損	2,199	794
為替差損	5,256	766
その他	131	150
営業外費用合計	7,591	1,710
経常利益	50,364	**199,356** ❸
特別利益		
固定資産売却益	185	821
投資有価証券売却益	64,589	490
持分変動利益受入額	-	1,929
特別利益合計	64,775	3,240
特別損失		
固定資産処分損	328	366
投資有価証券売却損	-	2
事業再編損	80	-
持分変動損失	-	1,138
特別損失合計	409	1,507
税金等調整前当期純利益	114,730	201,090
法人税、住民税及び事業税	25,331	56,977
法人税等調整額	△13,183	3,167
法人税等合計	12,147	60,144
当期純利益	102,582	140,945
非支配株主に帰属する当期純利益	8	1,354
親会社株主に帰属する当期純利益	102,574	**139,590** ❹

連結包括利益計算書

(単位：百万円)

	前連結会計年度 (自 平成28年4月1日 至 平成29年3月31日)	当連結会計年度 (自 平成29年4月1日 至 平成30年3月31日)
当期純利益	102,582	140,945
その他の包括利益		
その他有価証券評価差額金	7,147	△2,490
為替換算調整勘定	△5,916	△4,028
持分法適用会社に対する持分相当額	711	△336
その他の包括利益合計	1,942	△6,855
包括利益	104,525	134,090
(内訳)		
親会社株主に係る包括利益	104,517	132,655
非支配株主に係る包括利益	8	1,434

キャッシュ・フロー計算書

任天堂株式会社(7974) 平成30年3月期 決算短信

(4) 連結キャッシュ・フロー計算書

(単位：百万円)

	前連結会計年度 (自 平成28年4月1日 至 平成29年3月31日)	当連結会計年度 (自 平成29年4月1日 至 平成30年3月31日)
営業活動によるキャッシュ・フロー		
税金等調整前当期純利益	114,730	201,090
減価償却費	8,366	9,064
貸倒引当金の増減額（△は減少）	23	△513
退職給付に係る負債の増減額（△は減少）	△4,053	△2,125
受取利息及び受取配当金	6,904	10,116
為替差損益（△は益）	6,066	6,434
有価証券及び投資有価証券評価損益（△は益）	△64,617	△411
持分法による投資損益（△は益）	△20,271	△10,318
売上債権の増減額（△は増加）	△65,706	51,585
たな卸資産の増減額（△は増加）	△155	△107,454
仕入債務の増減額（△は減少）	51,628	9,368
未払消費税等の増減額（△は減少）	1,212	△354
その他	9,231	22,650
小計	29,451	168,901
利息及び配当金の受取額	6,332	10,585
利息の支払額	△1	△10
法人税等の支払額	△16,680	△27,267
営業活動によるキャッシュ・フロー	19,101	**152,208** ❾
投資活動によるキャッシュ・フロー		
定期預金の預入による支出	△537,674	△534,832
定期預金の払戻による収入	500,936	590,660
有形及び無形固定資産の取得による支出	△10,458	△9,609
有形及び無形固定資産の売却による収入	544	984
有価証券及び投資有価証券の取得による支出	△680,408	△552,785
有価証券及び投資有価証券の売却及び償還による収入	804,571	567,484
連結の範囲の変更を伴う子会社株式の取得による支出	-	2,736
その他	△7,992	△3,251
投資活動によるキャッシュ・フロー	69,518	**61,387** ❿
財務活動によるキャッシュ・フロー		
配当金の支払額	△14,384	△64,829
自己株式の取得による支出	-	△78
子会社の所有する親会社株式の売却による収入	-	3,609
その他	△12	△13
財務活動によるキャッシュ・フロー	△14,435	**△61,311** ⓫
現金及び現金同等物に係る換算差額	1,222	
現金及び現金同等物の増減額（△は減少）	72,878	153,506
現金及び現金同等物の期首残高	258,095	330,974
現金及び現金同等物の期末残高	330,974	**484,480** ⓬

第2章　業績をタイムリーに知る！決算短信のチェックポイント

算する書類のことです。ここから**重要な項目だけを抜き取ったのが、会社四季報の業績欄**です。

そして、キャッシュ・フロー計算書は、会社の現金及び現金同等物の増減やその要因について書かれたものです。**これが会社四季報のキャッシュフロー欄のもとになっています。**

決算短信の貸借対照表、損益計算書およびキャッシュ・フロー計算書の数値がそれぞれ会社四季報のどの箇所に対応しているのかは、図表❷-⑦に示したとおりです。

図表❷-⑧ ①営業利益が赤字なのに経常利益が黒字の理由は？

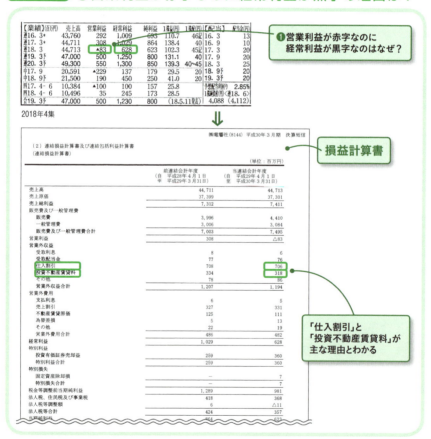

電響社(現：デンキョーグループホールディングス)(8144)

会社四季報には損益計算書のうち売上高、営業利益、経常利益、当期純利益（連結決算の場合は「親会社株主に帰属する当期純利益」）の数値だけしか記載されていませんし、その中身まではわかりません。同様に貸借対照表も総資産や自己資本、資本金、利益剰余金や有利子負債の金額はわかりますがそれ以上の詳しい内容は知ることができません。キャッシュ・フロー計算書も、各キャッシュ・フローの合計額や現金同等物の残高しかわかりません。

図表❷-⑧　②当期純利益だけ大赤字なのはなぜ？

石油資源開発(1662)

そこで、時には図表❷-⑧のように、会社四季報を見て「①営業利益が赤字なのに経常利益が黒字なのはなぜ？」「②経常利益が黒字なのに当期純利益が大赤字の理由」「③有利子負債のうち短期借入金、長期借入金、社債のそれぞれの金額はいくらか？」「④投資キャッシュ・フローや財務キャッシュ・フローがプラスになっている理由は？」といろいろと疑問が湧いてくることもあるでしょう。

そんなときは、決算短信に掲載された貸借対照表、損益計算書、キャッシュ・フロー計算書を見てみましょう。疑問に対する答えがきっと見つかります。

図表❷-⑧　③有利子負債の内訳を知りたい

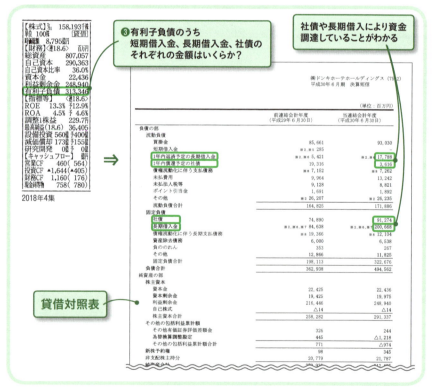

ドンキホーテホールディングス（現：パン・パシフィック・インターナショナルホールディングス）(7532)

図表❷-⑧ ④投資キャッシュ・フローや財務キャッシュ・フローがプラスの理由は？

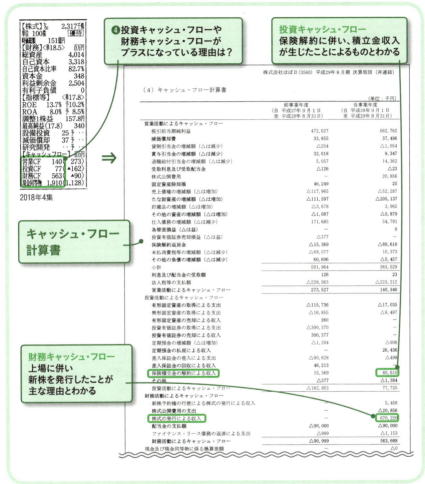

075

貸借対照表の仕組み

　ここで、財務諸表の知識があいまいだ、という方のために、実例を使いながら確認していきましょう。まずは貸借対照表からです。

　貸借対照表は、企業の有する財産や債務がどれくらいあるかを表したものです。貸借対照表の構成要素を大きく分けると**「資産」「負債」「純資産」**の3つに分類されます（図表❷－⑨）。

　「資産」は、企業が持っている財産を表します。現金や預金、売掛金（ツケで商品を売って後日回収する販売代金）、たな卸資産（いわゆる在庫）、土地、建物、機械装置といったものはすべて「資産」です。

　「負債」は、企業が将来支払わなければならない債務を表します。借入金や社債、買掛金（ツケで商品を買って後日支払う購入代金）などが「負債」に分類されます。

　「純資産」は資産にも負債にも属さないものです。**純資産は「株主資本」とその他の項目（その他の包括利益累計額、非支配株主持分など）に区分されます。**

　「株主資本」とは、株主の所有分のことです。**株主が企業に出資（投資）したお金である資本金や、企業が過去に稼いだ利益を蓄積したものである利益剰余金**などがそれにあたります。

　さらに資産は「流動資産」「固定資産」に、負債は「流動負債」「固定負債」に分類されます。「流動資産」は現金や預金、売掛金やたな卸資産のように、**1年以内に現金化される見込みである流動性の高い資産**のことです。将来お金になりやすい資産とイメージすればよいでしょう。

　「固定資産」は、土地や建物のように、長期間保有する目的で持っ

ている資産のことです。早期の換金化が見込まれていない資産とイメージしてください。「固定資産」はさらに「有形固定資産」「無形固定資産」「投資その他の資産」に区分されますが、それぞれの細かい内容は気にしなくてもとりあえずは大丈夫です。

「流動負債」は買掛金、短期借入金などのように、**1年以内に支払いが必要となる債務**です。「固定負債」は支払いが1年以上先となる債務を表しています。

　資産も負債も「流動」→「固定」の順、つまりお金になりやすい（お金が出ていきやすい）順番に並んでいるのが特徴です。

　これらを頭に入れた上で、図表❷-⑩の貸借対照表を見てみましょう。銘柄選びに貸借対照表を使うのなら、あまり細かい項目は気にせず、ここに書いたことが大体理解できていれば大丈夫です。

図表❷-⑨　貸借対照表のイメージ

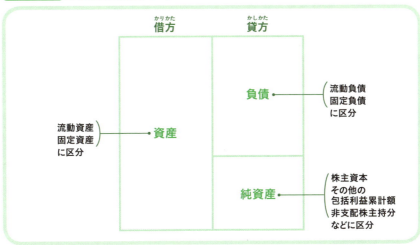

図表❷-⑩ 貸借対照表の具体例を見てみよう！

平成30年3月期 決算短信

3．連結財務諸表及び主な注記
（1）連結貸借対照表

(単位：百万円)

	前連結会計年度 （平成29年3月31日）	当連結会計年度 （平成30年3月31日）
資産の部		
流動資産		
現金及び預金	88,111	108,782
受取手形及び売掛金	624,089	678,579
有価証券	4,654	7,266
たな卸資産	1,215,649	1,380,003
繰延税金資産	59,441	77,363
その他	254,669	226,635
貸倒引当金	△2,179	△1,766
流動資産合計	2,244,436	2,476,863
固定資産		
有形固定資産		
建物及び構築物（純額）	753,697	759,716
機械装置及び運搬具（純額）	1,114,851	1,131,993
工具、器具及び備品（純額）	47,903	52,671
土地	654,475	653,182
リース資産（純額）	10,318	13,061
建設仮勘定	259,591	264,334
有形固定資産合計	2,840,838	2,874,959
無形固定資産		
のれん	38,652	32,401
リース資産	359	1,636
特許権及び利用権	5,229	4,802
ソフトウエア	47,045	46,131
無形固定資産合計	91,287	84,972
投資その他の資産		
投資有価証券	816,389	871,399
関係会社株式	1,041,397	1,069,688
長期貸付金	36,713	32,149
退職給付に係る資産	92,948	116,573
繰延税金資産	55,521	26,185
その他	45,959	43,346
貸倒引当金	△3,569	△3,726
投資その他の資産合計	2,085,361	2,155,616
固定資産合計	5,017,487	5,115,549
資産合計	7,261,923	7,592,413

平成30年3月期 決算短信

(単位：百万円)

	前連結会計年度 （平成29年3月31日）	当連結会計年度 （平成30年3月31日）
負債の部		
流動負債		
支払手形及び買掛金	728,300	775,126
短期借入金	316,115	300,632
コマーシャル・ペーパー	20,000	76,000
1年内償還予定の社債	140,000	85,700
リース債務	3,769	3,016
未払金	383,125	449,913
未払法人税等	31,909	43,916
工事損失引当金	2,297	1,508
その他	329,616	350,477
流動負債合計	1,955,134	2,086,291
固定負債		
社債	255,690	209,996
長期借入金	1,360,025	1,380,660
リース債務	8,444	12,990
繰延税金負債	99,293	114,120
土地再評価に係る繰延税金負債	7,069	7,010
役員退職慰労引当金	4,799	4,991
退職給付に係る負債	188,016	166,152
その他	92,433	94,698
固定負債合計	2,015,774	1,990,620
負債合計	3,970,908	4,076,911
純資産の部		
株主資本		
資本金	419,524	419,524
資本剰余金	386,873	386,865
利益剰余金	1,949,960	2,076,769
自己株式	△132,063	△132,162
株主資本合計	2,624,294	2,750,997
その他の包括利益累計額		
その他有価証券評価差額金	269,282	313,116
繰延ヘッジ損益	△2,370	△2,107
土地再評価差額金	3,002	3,001
為替換算調整勘定	△9,339	△4,898
退職給付に係る調整累計額	63,363	85,341
その他の包括利益累計額合計	323,938	394,453
非支配株主持分	342,782	370,050
純資産合計	3,291,015	3,515,501
負債純資産合計	7,261,923	7,592,413

新日鐵住金（2019年4月より「日本製鉄」）(5401)

貸借対照表の持つ意味

　決算書は複式簿記という仕組みを用いて作られています。

　複式簿記とは、企業で生じた金銭的な取引を「仕訳」により記録していく方法です。この仕訳には「借方」と「貸方」のそれぞれに勘定科目と金額を記載し、これを集計していくと最終的に貸借対照表や損益計算書といった決算書ができあがります。

　「借方」「貸方」は簿記の専門用語ですが、この言葉自体に深い意味はありません。仕訳の左側を借方、右側を貸方と呼んでいます。

　ところで、貸借対照表にズラッと記載されている勘定科目のうち、資産はすべて「借方」に、負債と純資産は「貸方」に集計されます。そして、複式簿記の仕組み上、貸借対照表の「借方」と「貸方」の金額は一致します。つまり、必ず「資産＝負債＋純資産」となるのが特徴です（図表❷-⑪）。

図表❷-⑪　借方と貸方とは

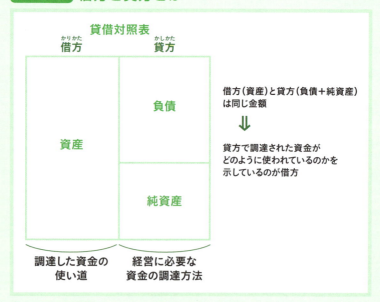

実はこのことから見えてくる貸借対照表の持つ意味があります。それは、借方は企業が運用する財産を表し、貸方はその財産のもとになったお金をどう工面したかを表すというものです。借方の資産は企業が売上をあげ、利益を得るために用いている財産のことですが、その財源は、貸方の負債もしくは純資産によりすべて賄われているのです。

損益計算書の仕組み

次は、貸借対照表と並んで重要な決算書の1つである、損益計算書を見ていきましょう。

損益計算書は、1年間や6カ月間といった一定期間の業績を計算するものです。言い換えれば、**一定期間に企業がどれだけの売上をあげ、費用を使い、最終的にいくらの利益を得ることができたかを表**します。

損益計算書は収益、費用、そして収益から費用を差し引いた差額である利益から構成されています（図表❷-⑫）。

収益とは利益のもととなる収入のことです。商品や製品の売上高は収益の代表例です。他に、受取利息、受取配当金、為替差益（為替レートの変動により生じた収益）などが挙げられます。なお、銀行から借り入れをするとその分だけ収入がありますが、これは後日返済しなければならないお金であり、利益のもととなる収入ではないので、収益にはなりません。

費用は収益を得るために要した支出のことです。販売した商品の仕入代金や、商品を売るためにかかった経費（損益計算書では「販

図表❷-⑫ 損益計算書のイメージ

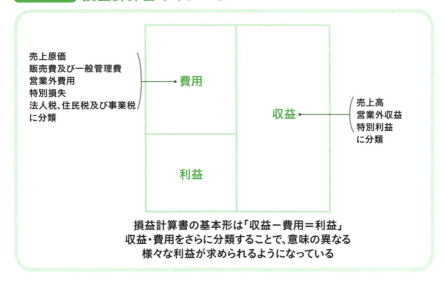

図表❷-⑬ 貸借対照表と損益計算書の関係

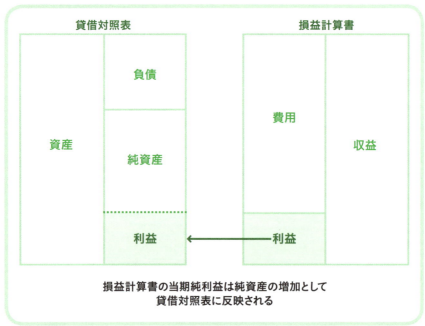

※配当金等は考慮しないものとする

売費及び一般管理費」として表示されます）、支払利息などが挙げられます。ただし、銀行からの借入金を返済するとその分だけ支出が生じますが、借りたものを返しただけであり、収益を得るために要した支出ではありませんから、費用とはなりません。

企業の儲けである「利益」は、収益から費用を差し引けば求めることができます。しかし、損益計算書では、収益や費用をいくつかの種類に分類します。これにより、「売上総利益」「営業利益」「経常利益」「当期純利益」といった、それぞれに違った意味を持つ何種類かの利益を算定できるようにしているのが特徴です。

以上のことを頭に入れて、図表❷-⑭の損益計算書の実例を見てみましょう。

なお、図表❷-⑬のとおり、**最終的な企業の利益である当期純利益（連結決算の場合は「親会社株主に帰属する当期純利益」）は、貸借対照表の利益剰余金になります。**利益剰余金は純資産の中の一項目でした（76ページ）。配当金の支払い等を無視して考えれば、**企業が獲得した当期純利益の分だけ、利益剰余金が増え、ひいては純資産が増えていく**のです。

図表❷-⑭ 損益計算書の具体例

平成30年3月期 決算短信

（2）連結損益計算書及び連結包括利益計算書
【連結損益計算書】

(単位：百万円)

		前連結会計年度 （自 平成28年4月1日 至 平成29年3月31日）	当連結会計年度 （自 平成29年4月1日 至 平成30年3月31日）	
売上高	収益	4,632,890	5,668,663	❶
売上原価	費用	4,065,779	4,969,121	❷
売上総利益	利益	567,111	699,541	❸
販売費及び一般管理費	費用	452,908	517,158	❹
営業利益	利益	114,202	182,382	❺
営業外収益	収益			❻
受取利息		5,654	5,146	
受取配当金		14,923	17,608	
持分法による投資利益		79,180	122,675	
その他		43,162	55,704	
営業外収益合計		142,921	201,135	
営業外費用	費用			❼
支払利息		18,006	20,106	
その他		64,586	65,869	
営業外費用合計		82,593	85,976	
経常利益	利益	174,531	297,541	❽
特別利益	収益			❾
投資有価証券売却益		−	25,685	
関係会社株式売却益		24,172	−	
段階取得に係る差益		10,027		
特別利益合計		34,200	25,685	
特別損失	費用			❿
減損損失		−	15,602	
設備休止関連損失		12,793	11,604	
災害損失		7,839	−	
事業再編損		6,407	6,158	
特別損失合計		27,039	33,366	
税金等調整前当期純利益	利益	181,692	289,860	⓫
法人税、住民税及び事業税	費用	47,074	76,309	⓬
法人税等調整額		△11,377	△7,510	
法人税等合計		35,697	68,798	
当期純利益		145,995	221,061	
非支配株主に帰属する当期純利益		15,048	26,000	
親会社株主に帰属する当期純利益	利益	130,946	195,061	⓭

❶本業による収入
❷売上を得るために直接要した費用
❸いわゆる「粗利」。売上と原価の差額
❹売上を得るためにかかった経費
❺本業により得た利益
❻配当金、利息、為替差益など本業以外による収入
❼支払利息、為替差損など本業以外でかかった費用
❽通常の事業活動により得た利益
❾通常の事業活動では生じない臨時、特殊な収益
❿通常の事業活動では生じない臨時、特殊な費用
⓫税金等を差し引く前の利益
⓬利益の額をもとに課される税金
⓭すべての収益からすべての費用を差し引いた最終的な利益

新日鐵住金（2019年4月より「日本製鉄」）(5401)

包括利益計算書とは?

2011年3月期以降、連結財務諸表にて「包括利益計算書」が開示されるようになりました。

図表❷-⑮ 包括利益計算書を見てみよう

平成30年3月期 決算短信

【連結包括利益計算書】

(単位:百万円)

	前連結会計年度 (自 平成28年4月1日 至 平成29年3月31日)	当連結会計年度 (自 平成29年4月1日 至 平成30年3月31日)
当期純利益	145,995	221,061
その他の包括利益		
その他有価証券評価差額金	68,181	44,845
繰延ヘッジ損益	6,515	△736
為替換算調整勘定	△30,691	10,937
退職給付に係る調整額	20,348	23,779
持分法適用会社に対する持分相当額	7,103	△288
その他の包括利益合計	71,458	78,537
包括利益	217,453	299,598
(内訳)		
親会社株主に係る包括利益	203,625	265,294
非支配株主に係る包括利益	13,828	34,303

企業が有する資産、負債の時価変動額

新日鐵住金(2019年4月より「日本製鉄」)(5401)

「包括利益」とは、ある会計期間における純資産の変動額を表します(ただし、増資や配当金支払い、自己株式の取得・処分などの資本取引による変動額は除きます)。

図表❷-⑮をご覧ください。包括利益計算書では、「当期純利益」(非支配株主に帰属するものを控除する前の金額)に「その他の包括利益」を加える形で包括利益を計算します。

「その他の包括利益」とは、包括利益には含まれるものの当期純利益の構成要素にはならないもので、具体的にはその他有価証券評価差額金の当期増減額や為替換算調整勘定の当期増減額などです。企業が保有する資産・負債の時価変動額と考えておけばよいでしょう。

当期純利益と包括利益との関係は図表❷-⑯のとおりです。包括利益のほうが当期純利益よりも「その他の包括利益」の分だけ広い概念となっています。

図表❷-⑯ 当期純利益と包括利益の関係

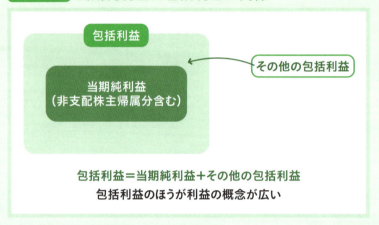

包括利益＝当期純利益＋その他の包括利益
包括利益のほうが利益の概念が広い

当期純利益と包括利益の差額が大きい（つまり「その他の包括利益」が大きい）企業は、為替レートや株価の変動によって時価が変動する資産・負債を多く保有しているため、包括利益の変動幅が大きくなり、つれて純資産の変動額も大きくなります。それによりＰＢＲ（第３章参照）や自己資本比率といった指標に少なからず影響を及ぼす可能性があります。

でも企業業績を見る上では、包括利益はあまり気にせず、従来どおり損益計算書の営業利益や経常利益、当期純利益（連結決算の場合は「親会社株主に帰属する当期純利益」）を重視しておけば大丈夫です。

キャッシュ・フロー計算書の仕組み

　以上の貸借対照表と損益計算書が「２大決算書」と呼ばれるものです。株式投資で決算書を活用する場合はこの２つを理解するだけで８割方は大丈夫ですが、もう１つ、近年特に重要性を増している決算書があります。それが「キャッシュ・フロー計算書」です。

　キャッシュ・フロー計算書は、１年間など一定期間のキャッシュ（現金および現金同等物）の増減額や増減要因を示したものです。

　キャッシュというのは企業にとって非常に重要なものです。企業はいくら赤字であっても、いくら借金まみれであっても、キャッシュさえあれば倒産することはありません。しかし、「黒字倒産」「勘定合って銭足らず」などの言葉があるように、利益がいくらあがっていても資金繰りがつかなければ倒産してしまいます。

　そのため、企業のキャッシュの動きを把握して、どのような要因でどれだけキャッシュが増減しているのか、本業でしっかりとキャッシュを獲得できているのかを見るために「キャッシュ・フロー計算書」を用いるのです。

　キャッシュ・フロー計算書ではキャッシュの増減を「**営業活動によるキャッシュ・フロー**」「**投資活動によるキャッシュ・フロー**」および「**財務活動によるキャッシュ・フロー**」の３つに分類します。それぞれのキャッシュ・フローの意味は次のとおりです。

●**営業活動によるキャッシュ・フロー（営業キャッシュ・フロー）**
　⇒**本業により獲得したキャッシュ・フローを表し、損益計算書における営業利益に相当するもの。**
　　プラスの金額が多いほどよい。逆にマイナスの場合は、本業で

キャッシュを稼ぎ出すどころか減らしてしまっていることを意味する。

●**投資活動によるキャッシュ・フロー（投資キャッシュ・フロー）**
⇒**設備投資や株式の取得といった投資活動により生じるキャッシュ・フロー。設備投資や株式取得をすればその分だけキャッシュが出ていくのでマイナスになる。**

通常、企業は将来の利益獲得に向けて絶えず投資活動を行うので、投資キャッシュ・フローはマイナスでＯＫ。一方、株式や固定資産の売却をすれば、キャッシュが入ってくるので投資キャッシュ・フローはプラスになる。

●**財務活動によるキャッシュ・フロー（財務キャッシュ・フロー）**
⇒**借り入れや社債発行、増資、配当金の支払いといった財務活動により生じるキャッシュ・フロー。新規借り入れや社債の発行、増資はキャッシュが入ってくるのでプラスになる。**借り入れ返済や社債の償還、配当金の支払いはキャッシュが出ていくのでマイナスに作用。**借り入れの返済等が進むとキャッシュが出ていくのでマイナスとなる。**

キャッシュ・フロー計算書の構成は図表❷-⑰のとおりです。
キャッシュ・フロー計算書では、一定期間におけるキャッシュの増減額は、「現金及び現金同等物の増減額」として表示されます。しかし、単にキャッシュが増えただけで良しとするのではなく、その要因も重要です。
営業キャッシュ・フローのプラスによりキャッシュが増えたなら問題ありませんが、**設備投資などによりマイナスになることが一般的な投資キャッシュ・フローがプラスの場合はその原因の調査が必**

要です。

　財務キャッシュ・フローがプラスの場合はそれが後日返済の必要のない増資によるものか、後日返済しなければならない借り入れによるものなのか、そして借り入れによる場合はそれが前向きなものか後ろ向きなものかを調査する必要があります。

　企業成長や将来の利益獲得のために資金が必要として積極的・戦略的に借り入れを増やしているのであればよいのですが、**営業キャッシュ・フローが大きくマイナスのときに借り入れを増やす（財**

図表❷-⑰　キャッシュ・フロー計算書の構成

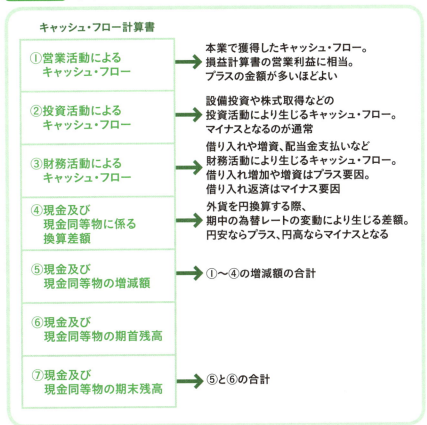

図表❷-⑱ キャッシュ・フロー計算書を見てみよう！

平成30年3月期 決算短信

営業活動によるキャッシュ・フロー
本業により獲得したキャッシュ・フロー。多ければ多いほどよい

投資活動によるキャッシュ・フロー
設備投資、株式取得などの投資によりマイナスとなるのが通常。プラスの場合はその理由をチェック

財務活動によるキャッシュ・フロー
借り入れ、社債発行、増資などはプラス要因。借り入れ返済、社債償還、配当支払いなどはマイナス要因。借入金返済によりマイナスとなるのが望ましい。プラスの場合は借り入れによるものか増資によるものか要確認

1年間のキャッシュの、トータルでの増減額を示す

(単位：百万円)

	前連結会計年度 (自 平成28年4月1日 至 平成29年3月31日)	当連結会計年度 (自 平成29年4月1日 至 平成30年3月31日)
営業活動によるキャッシュ・フロー		
税金等調整前当期純利益	181,692	289,860
減価償却費	304,751	340,719
減損損失	−	15,602
のれん及び負ののれんの償却額	4,015	4,774
受取利息及び受取配当金	△20,577	△22,754
支払利息	18,006	20,106
持分法による投資損益（△は益）	△79,180	△122,675
有形及び無形固定資産除却損	8,694	4,540
有形及び無形固定資産売却損益（△は益）	△7,192	△9,023
投資有価証券売却損益（△は益）		
関係会社株式売却損益（△は益）		
段階取得に係る差損益（△は益）		
事業再編損		
貸倒引当金の増減額（△は減少）		
売上債権の増減額（△は増加）		
たな卸資産の増減額（△は増加）	26,500	△162,841
仕入債務の増減額（△は減少）	27,363	49,296
その他	109,945	157,865
小計	509,900	492,892
利息及び配当金の受取額	34,568	50,566
利息の支払額	△18,428	△21,175
法人税等の支払額	△41,751	△63,438
営業活動によるキャッシュ・フロー	484,288	458,846
投資活動によるキャッシュ・フロー		
有形及び無形固定資産の取得による支出	△321,879	△403,064
有形及び無形固定資産の売却による収入	15,004	13,430
投資有価証券の取得による支出	△48,715	△3,169
投資有価証券の売却による収入	42,520	39,936
関係会社株式の取得による支出	△14,410	△4,939
関係会社株式の売却による収入	30,820	9,522
連結の範囲の変更を伴う子会社株式の取得による支出	△52,892	289
貸付けによる支出	△9,511	△6,537
貸付金の回収による収入	3,504	2,875
その他	11,826	△1,762
投資活動によるキャッシュ・フロー	△343,738	△353,419
短期借入金の純増減額（△は減少）	△49,857	1,271
コマーシャル・ペーパーの純増減額（△は減少）	13,000	56,000
長期借入れによる収入	179,411	246,411
長期借入金の返済による支出		
社債の発行による収入		
社債の償還による支出		
その他	84,080	23,709
財務活動によるキャッシュ・フロー	△135,054	△89,190
現金及び現金同等物に係る換算差額	△655	196
現金及び現金同等物の増減額（△は減少）	4,839	16,433
現金及び現金同等物の期首残高	85,203	91,391
連結の範囲の変更に伴う現金及び現金同等物の増減額（△は減少）	1,348	3,953
現金及び現金同等物の期末残高	91,391	111,779

新日鐵住金（2019年4月より「日本製鉄」）(5401)

務キャッシュ・フローの増加）のは、資金繰りに窮してとりあえず借り入れで急場を凌いだ、という可能性もありますから要注意です。

このように、企業のキャッシュがどのくらい増減したのか、そしてそれはどのような要因によるものなのかを知ることは、企業が儲かっているのかどうか、そして企業の安全性は問題ないのかどうかを確認するために非常に重要なのです。

これらの点をふまえて、図表❷ - ⑱のキャッシュ・フロー計算書を見てみましょう。

図表❷ - ⑲ 粉飾決算時の営業利益と営業キャッシュ・フロー

●粉飾決算をしていない場合

損益計算書　　　　　　キャッシュ・フロー計算書

| 営業利益＋減価償却費 | ≒ | 営業キャッシュ・フロー |

損益計算書の「営業利益＋減価償却費」とキャッシュ・フロー計算書の
「営業キャッシュ・フロー」には大きな差がないことが多い

●粉飾決算をしている場合

損益計算書　　　　　　キャッシュ・フロー計算書

| 営業利益＋減価償却費 | | 営業キャッシュ・フロー |

架空売上による利益水増し

架空売上による利益水増し分については
売上に対応するキャッシュの流入がないため、
必然的に損益計算書の「営業利益＋減価償却費」と比べて
キャッシュ・フロー計算書の「営業キャッシュ・フロー」がかなり少なくなってしまう

⇩

「営業利益＋減価償却費」より「営業キャッシュ・フロー」がかなり少ない場合は、
粉飾の兆候が現れていないか要チェック

また、**キャッシュ・フロー計算書と貸借対照表・損益計算書を比較することで、粉飾決算の兆候が見えてくることがよくあります。**なぜなら、売掛金や在庫の金額を操作すると、そのしわ寄せがキャッシュ・フロー計算書に表れるからです。

　図表❷-⑲をご覧ください。一般的に、損益計算書の「営業利益＋減価償却費」と、キャッシュ・フロー計算書の「営業キャッシュ・フロー」の額はおおむね同じになります。営業利益に減価償却費を足すのは、減価償却費はキャッシュの支出を伴わない費用なので、利益の減少要因にはなりますがキャッシュ・フローには影響を及ぼさないためです。なお、減価償却費の金額は会社四季報にも掲載されています。

　もし架空売上を計上するとなれば、売上高と同時に、売掛金（未回収分の代金のこと）を計上することになります。損益計算書では架空の売上高を計上した分だけ利益が増加します。しかし、キャッシュ・フロー計算書では、架空売上に対する代金は当然入金されませんから、架空売上を計上してもキャッシュは増えません。

　すると、**損益計算書の「営業利益＋減価償却費」とキャッシュ・フロー計算書の「営業キャッシュ・フロー」の金額に大きな差が表れます。**これこそが、粉飾決算の兆候なのです。

　なお、決算短信に掲載されている決算書はある程度簡略化されています。例えば、「販売費及び一般管理費」の内訳は損益計算書を見ただけではわかりません。もし、前期と比べて売上高や売上原価の伸び以上に販売費及び一般管理費が大きく増加している理由を知りたい、といった場合は「経営成績等の概況」の記述や決算書の後についている注記を確認したり、場合によっては有価証券報告書を見る必要があります（図表❷-⑳）。

図表❷-⑳ **販売費及び一般管理費急増の理由は？**

株式会社スタートトゥデイ(3092) 平成31年3月期 第1四半期決算短信

(2) 四半期連結損益計算書及び四半期連結包括利益計算書
　四半期連結損益計算書
　　第1四半期連結累計期間

(単位：百万円)

	前第1四半期連結累計期間 (自 平成29年4月1日 至 平成29年6月30日)	当第1四半期連結累計期間 (自 平成30年4月1日 至 平成30年6月30日)
売上高	21,451	26,552
売上原価	1,615	2,318
売上総利益	19,836	24,234
返品調整引当金戻入額	85	106
返品調整引当金繰入額	77	89
差引売上総利益	19,844	24,251
販売費及び一般管理費	11,863	18,376
営業利益	7,981	5,874
営業外収益		
受取利息	0	0
受取賃借料	1	1
為替差益	—	13
リサイクル収入	6	7
ポイント失効益	8	11
その他	5	7
営業外収益合計	21	40
営業外費用		
支払利息	—	23

〔吹き出し〕販売費及び一般管理費が急増しているのはなぜ？

⇩ 「当期の経営成績の概況」で確認

〜〜「ZOZOSUIT」の無償配布と開始いたしました。〔中略〕ーパードデニムを販売しておりましたが、平成30年6月よりメンズ向けのカジュアルシャツの販売を開始いたしました。

　これらの結果、当第1四半期連結累計期間の商品取扱高は70,406百万円（前年同期比18.2％増）、売上高は26,552百万円（同23.8％増）、差引売上総利益は24,251百万円（同22.2％増）となりました。差引売上総利益率（対商品取扱高）はその他売上高（運賃収入、決済手数料収入等）の増加により、34.4％（前年同期比 1.1ポイント上昇）となっております。

　販売費及び一般管理費は18,376百万円（前年同期比54.9％増）、商品取扱高に対する割合は26.1％と前年同期と比較して6.2ポイント上昇しております。上昇の要因は、「ZOZOSUIT」の無料配布に伴う広告宣伝費の増加、荷造運搬費が増加したことによるものであります。

　以上の結果、当第1四半期連結累計期間の営業利益は5,874百万円（前年同期比26.4％減）、営業利益率（対商品取扱高対比）は8.3％と前年同期と比較して5.1ポイント低下しております。また、経常利益は5,859百万円（前年同期比26.7％減）、親会社株主に帰属する四半期純利益は4,163百万円（同24.7％減）となりました。

　当社グループはEC事業の単一セグメントであるため、セグメント別の記載は省略しておりますが、単一セグメント内の各事業区分の業績を以下のとおり示しております。

〔吹き出し〕「ZOZOSUIT」無料配布により広告宣伝費、荷造運搬費が増加したことが原因とわかる ⇒ 「ZOZOSUIT」拡販のため先行投資を行ったものと推測できる

出典：スタートトゥデイ(現：ZOZO)(3092)平成31年3月期第1四半期決算短信

[決算短信の活用法❹]
企業が抱える
リスクについて知りたい！

　会社四季報を見ると、最近の動向や今後の注目点についての記事の欄（22ページ参照）に、「継続前提に重要事象」とか「継続前提に疑義注記」というコメントが記載されている企業があることに気づくと思います（図表❷-㉑）。

　実はこれ、正確には「継続企業の前提に関する重要事象等」という非常に重要な情報なのです。

　この記載は、平たく言えば、**「企業が将来経営破たんしてしまうリスクが他の企業より高い」**ということを表しています。

　企業の継続に重要な影響を及ぼす事象として、例えば次のようなものがあります。

- 債務超過の状態にある
- 損益計算書において赤字が何期も連続している
- キャッシュ・フロー計算書において営業キャッシュ・フローのマイナスが何期も連続している

　決算書を作成するもととなる企業会計においては、減価償却制度をはじめ、企業が半永久的に継続することが前提条件となっている会計処理がいくつもあります。

　ところが、いったん企業が経営破たんしてしまうと、決算書の内容は一変してしまいます。

　資産は「いくらで売ることができるか」という観点から再評価されるため、それまで資産として計上されていた価格よりはるかに低

図表❷-㉑ 継続企業の前提に関する記載（四季報）

※小僧寿しは2024年7月よりKOZOホールディングスに社名変更。

い価格しかつかないことになります。つまり、経営破たんした企業の貸借対照表は、事業を継続している企業の貸借対照表とは全く異なったものとなってしまうのです。

ですから、経営破たんのリスクが高い企業は、「本当なら経営破たんした企業と同じような形で決算書を作る必要があるかもしれないが、様々な対策を講じて破たんリスクを解消するよう努力しているため、事業継続している企業を前提とした通常どおりの会計処理で決算書を作っています」ということを宣言することにしているのです。

継続企業の前提に関する重要事象等の記載には、そのレベルに応じて2種類あります（図表❷ - ㉒）。

経営破たんのリスクを回避するための対応策に確実性がある、つまり**企業の努力により経営破たんのリスクを解消することが十分可能である場合は**、決算短信や有価証券報告書に継続企業の前提に関する重要事象が存在する旨が「リスク情報」として記載されます（図表❷ - ㉓）。四季報に「継続前提に重要事象」と記載がある場合はこちらです。

一方、経営破たんのリスクを回避するための対応策に確実性があるとは言えない、つまり**企業努力によっても経営破たんのリスクを解消できない可能性がある場合、財務諸表の後ろに「継続企業の前提に関する注記」がなされます**（図表❷ - ㉔）。「継続前提に疑義注記」と四季報に記載がある場合はこちらです。

継続企業の前提に関する重要事象等が「リスク情報」として記載されている企業より、**「継続企業の前提に関する注記」として記載されている企業のほうが事態はより深刻**であり、経営破たんのリスクもさらに高くなります。

これら「継続企業の前提に関する重要事象等」、ないしは「継続企業の前提に関する注記」の記載がある企業への投資は特に初心者、初級者の方は慎重にしたほうがいいでしょう。

　なお、業績が回復するなどして、継続企業の前提に関する記載対象から外れることもあります。気になる企業については、最新の四季報や決算短信などで継続企業の前提に関する記載に変化がないかどうか確かめておきましょう。

図表❷-㉒　継続企業の前提に関する記載に注意

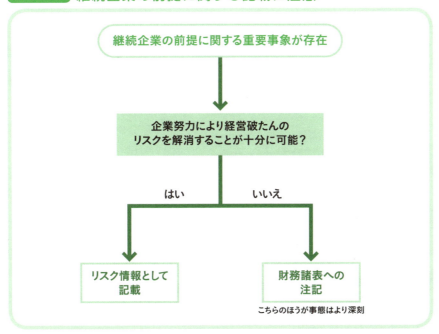

図表❷-㉓ 継続企業の前提に関する重要事象等の記載例（決算短信）

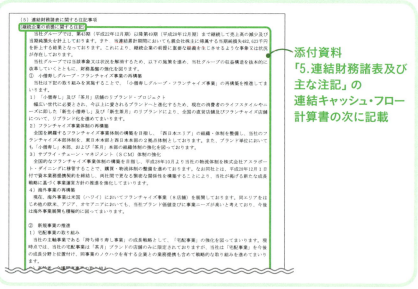

出典：AppBank（6177）平成29年12月期決算短信

図表❷-㉔ 継続企業の前提に関する注記例（決算短信）

出典：小僧寿し（9973）（2024年7月～KOZOホールディングス）平成29年12月期決算短信

[決算短信の活用法❺]
事業別の売上や利益、海外売上の割合が知りたい！

　決算短信には、投資判断に有用な情報の1つとして、「セグメント情報」というものが掲載されています。これは、企業全体をいくつかの単位（セグメント）に分類して、それぞれのセグメントごとの売上・利益などの状況を表したものです。

　開示されるセグメント情報には例えば**「報告セグメントごとの売上高、利益又は損失、資産、負債その他の項目の金額に関する情報」（以下「報告セグメント情報」）や「地域ごとの売上高情報」といったもの**があります。

　いずれも会社四季報の社名左側に、前者は「連結事業」、後者は「海外」という項目でその概要は記載されていますが、内容を詳しく知りたいのであれば決算短信を見る必要があります。

　「報告セグメント情報」は、企業をいくつかの事業に分類した上で、それぞれの事業ごとの売上高や利益、資産などを示したものです。

　これを見れば、**その企業にとって稼ぎ頭の事業は何か、全体の足を引っ張っている事業は何か**がわかります。図表❷-㉕をご覧ください。インターネット広告大手のサイバーエージェント（4751）のセグメント情報です。これを見ると祖業であるインターネット広告事業が相変わらず堅調である一方、稼ぎ頭はゲーム事業であること、メディア事業はまだ赤字であるものの中長期的な収益柱として育成中であることがわかります。

　さらに、過去のデータを時系列にすることで、**どの事業の売上高や利益が伸びているのか、あるいは落ち込んでいるのかを知ること**ができます。

図表❷-㉕ 報告セグメント情報

3 報告セグメントごとの売上高、利益又は損失、資産、負債その他の項目の金額に関する情報
前連結会計年度（自 平成27年10月1日 至 平成28年9月30日）

(単位：百万円)

	報告セグメント						調整額(注)	連結財務諸表計上額
	メディア	ゲーム	インターネット広告	投資育成	その他	計		
売上高								
外部顧客への売上高	13,332	121,740	164,862	1,748	8,980	310,665	—	310,665
セグメント間の内部売上高又は振替高	8,601	897	10,586	—	8			
計	21,934	122,638	175,449	1,748	9,8			
セグメント利益又は損失(△)	△8,301	30,451	15,160	384	1,1			

(注)セグメント利益の調整額△2,037百万円は全社費用等であり、主に報告セグ…
ります。

当連結会計年度（自 平成28年10月1日 至 平成29年9月30日）

	報告セグメント							
	メディア	ゲーム	インターネット広告	投資育成	その他			
売上高								
外部顧客への売上高	19,057	139,775	193,565	6,790	12,1			
セグメント間の内部売上高又は振替高	6,595	525	14,616	—	1,3			
計	25,653	140,301	208,182	6,790	13,5			
セグメント利益又は損失(△)	△18,585	26,503	18,718	4,827	1,797	33,262	△2,561	30,700

(注)セグメント利益の調整額△2,561百万円は全社費用等であり、主に報告セグメントに帰属しない一般管理費であります。

平成28年9月期と平成29年9月期を比べると
- **メディア事業** ⇒ 売上増加も先行投資により損失拡大
- **ゲーム事業** ⇒ 売上増加、利益も高水準だがやや伸び悩み
- **インターネット広告事業** ⇒ 売上、利益とも順調に増加

〈セグメント情報から見えてくること〉
稼ぎ頭はゲームだが伸び悩み。インターネット広告は堅調。メディア事業を長期的な収益源とすべく先行投資中

1．経営成績等の概況
(1) 当期の経営成績等の概況

平成29年3月末における一般世帯のスマートフォン普及率は69.7％（注1）まで拡大し、平成29年のスマートフォン広告市場は、前年比23.7％増の8,010億円（注2）と順調な成長が見込まれます。特に動画広告市場（PC含む）の急成長が予想され、平成29年には前年比39.9％増の1,178億円に拡大し、平成34年に2,918億円に達すると予測されております（注3）。

このような環境のもと、当社グループは、引き続きスマートフォン市場の成長を取り込む一方で、中長期の柱に育てるため、「AbemaTV」等の動画事業への先行投資を強化し、当連結会計年度における売上高は371,362百万円（前年同期比19.5％増）、営業利益は30,700百万円（前年同期比16.6％減）、経常利益は28,741百万円（前年同期比18.7％減）、親会社株主に帰属する当期純利益は4,024百万円（前年同期比70.4％減）となりました。

出所 （注1）内閣府経済社会総合研究所「消費動向調査（平成29年3月実施調査結果）」
　　　（注2）D2C／サイバー・コミュニケーションズ「2016年インターネット広告市場規模推計調査」
　　　（注3）当社／デジタルインファクト「国内動画広告の市場動向調査」

セグメント別の業績は次のとおりであります。
なお、第1四半期連結会計期間より、報告セグメントの区分を変更しておりますので、以下の前年同期比較については、前年同期の数値を変更後のセグメント区分に組み替えた数値で比較しております。

① メディア事業
メディア事業には、「AbemaTV」、「FRESH!」、「Ameba」等が属しております。
「AbemaTV」等の動画事業への先行投資により、売上高は25,653百万円（前年同期比17.0％増）、営業損益は18,585百万円の損失計上（前年同期損失計上8,301百万円の損失計上）となりました。

② ゲーム事業
ゲーム事業には、㈱Cygames、㈱サムザップ、㈱Craft Egg等が属しております。
既存タイトルが堅調な中、新たなヒットを創出し、売上高は140,301百万円（前年同期比14.4％増）、営業損益は26,503百万円の利益計上（前年同期比13.0％減）となりました。

③ インターネット広告事業
インターネット広告事業には、インターネット広告事業本部、㈱CyberZ等が属しております。
スマートフォン向けのインフィード広告や動画広告の順調な販売等により、売上高は208,182百万円（前年同期比18.7％増）、営業損益は18,718百万円の利益計上（前年同期比23.5％増）となりました。

出典：サイバーエージェント（4751）平成29年9月期決算短信

地域ごとの売上高情報は、売上高全体のうち地域ごとの売上高がいくらかを示したものです。地域区分は企業によって異なりますが、例えば「アジア」「北米」「ヨーロッパ」といったような区分がされます。

　会社四季報には売上高全体に対する海外売上高の比率が記載されていますが、具体的にどの地域への売上高がどのくらいあるのかを知るには、決算短信で確認する必要があります。

　図表❷-㉖をご覧ください。会社四季報を見るとコマツ（6301）の海外売上高の比率は売上全体の84％と記載されています。ここから、「海外売上高が多いから円高になると利益が減りそうだ」というおおまかな推測はできます。しかし、決算短信を見て、地域ごとの売上高をチェックすれば、さらに詳しい分析が可能となります。もしアメリカへの売上高の割合が高ければ「円・米ドルレートの影響を大きく受ける」、ヨーロッパへの売上高の割合が高ければ「対米ドルで円高になっても影響は小さいが対ユーロで円高が進むと厳しそうだ」、アジアへの売上高の割合が高ければ「対ドルや対ユーロで円高になっても影響はそれほど大きくなさそうだ」といった判断をすることができるのです。

　また、前期と当期を比較することで、どの地域への売上が伸びているか、あるいは落ち込んでいるかを知ることができます。

　図表❷-㉖のコマツの例では、2018年3月期の売上増加の理由は海外向け売上、特にアメリカ向けの売上が急増したことによるものとわかります。

図表 ❷-㉖ 地域ごとの売上高情報

〈会社四季報2018年4集より〉

売上増加

四季報では海外への売上が全体の84%を占めることはわかるが…

〈平成30年3月期決算短信より〉

【地域別情報】
前連結会計年度および当連結会計年度の地域別外部顧客に対する売上高は次のとおりです。

(金額単位:百万円)

	日本	米州	欧州・CIS	中国	アジア※・オセアニア	中近東・アフリカ	連結
前連結会計年度	393,488	602,818	220,622	127,446	350,804	107,811	1,802,989
当連結会計年度	396,061	926,198	303,584	193,481	517,196	164,587	2,501,107

(注)※ 日本および中国を除きます。

米州向け売上急増

決算短信を見れば
● 地域別の売上高がわかる
● 地域別売上高の前期と当期の比較ができる
⇩
コマツの2018年3月期の売上増加は海外向け、特にアメリカ向けの売上が大きく伸びたことによるものとわかる

コマツ(6301)

第3章

決算書に関連した代表的バリュエーション指標

株価指標を使おう！

株式投資の基本は、安く買って高く売ること。企業実態に比べて割安な株価にある銘柄を選んで買えば、勝率も高まります。

今の株価が割安かどうかを判断するのに役立つのが株価指標（バリュエーション指標）です。代表的なものに**PER、PBR、配当利回り**があります。

また、株価指標ではありませんが、企業の収益性（利益獲得能力）を測る指標でPERやPBRとも密接に関係しているROEについても説明します。

PERの意味

PERは、「Price Earnings Ratio」の略であり、日本語では「株価収益率」「ピーイーアール」と呼びます。

PERは、株価と会社の利益とを比べてみて、株価が割安かどうかを判断する指標です。もう少し具体的に言うと、**今の株価が「1株当たり当期純利益」の何倍の水準にあるかを計算します。倍率が少ないほうが割安**ということです。

PERの計算式は以下のとおりです。

$$\text{PER（倍）} = \frac{\text{株価}}{\text{1株当たり（予想）当期純利益}}$$

一般的にPERの計算のときに使う「1株当たり当期純利益」は

予想値を使います。なぜなら、株価は、将来を見越して動くものだからです。

例えば、株価が400円、1株当たり当期純利益の予想が25円の会社の場合、ＰＥＲは、「400円÷25円＝16（倍）」となります。

1株当たり（予想）当期純利益は会社四季報にも掲載されていますし、決算短信の1枚目（サマリー情報）にも記載がされています。しかし、業績の修正などがあると数値も変わってきますので、日本経済新聞や企業ホームページなどで随時フォローしておきましょう。ネット証券に口座がある場合は、ホームページで最新の情報を確認してみるといいでしょう。

ＰＥＲの意味を理解するために、図表❸-①をご覧ください。例えば、「株価50万円、発行済株式数100株、当期（予想）純利益500万円」という企業Ｄがあったとします。あなたがこの会社の株を全部買い占めたとすると、5000万円（50万円×100株）で当期純利益500万円の会社のオーナーになったことになります。

ここでポイントは、**当期純利益はすべて株主のものである**ということです。売上から経費など諸々を引いて、税金を払って残った利益である当期純利益をどう使うかは株主の自由。配当に回すもよし、企業内部に溜めておいて今後のさらなる成長のための投資に使うもよしです。

このＤ社の株主はあなた一人ですから、当期純利益はあなたが自由に使えます。つまり、あなたは投資した**5000万円に対して、1年当たり500万円の自由に使えるお金を得ることができるということです。5000万円で会社を買って、1年の当期純利益が500万円だとすると、10年もすればあなたは最初に投資した5000万円を回収できますね。**

実はＰＥＲはこの「10年」のことを言っているのです。つまり、

第3章　決算書に関連した代表的バリュエーション指標

図表❸-① PERの意味を理解しよう

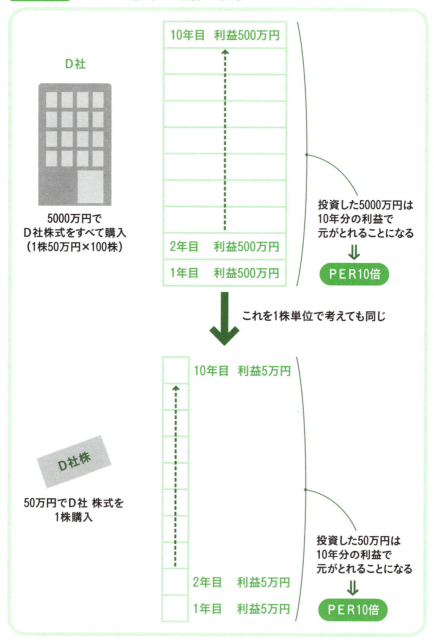

あなたの**投資資金が何年分の当期純利益で回収できるのかを表しているのが PER** です。

上の例で言うと、
PER＝5000万円÷500万円＝10（倍）
となります。

実際は株を全部買い占めるということはないでしょうから、1株当たりで計算しますが、計算式の構造そのものは上記の、「5000万円÷500万円＝10（倍）」と同じです。

投資資金を1株当たりにして、当期純利益も1株当たりにして計算すると、

PER＝株価（1株当たりの投資資金）÷1株当たり当期純利益
つまりPER＝50万円÷5万円＝10（倍）
となるわけです。

なんとなく、PERがイメージできたでしょうか。こうして考えてみると、PERの**数値が低いほど割安**という意味もわかると思います。投資資金を何年間の利益で回収できるかを表すのがPERなのですから、年数は少ないほうがいいに決まっています。

ＰＢＲの意味

ＰＥＲと並んで株価指標として非常にポピュラーなものがＰＢＲ（ピービーアール）です。

突然ですが、株主が有する３つの権利をご存じですか？
株主総会の決議に参加できる「議決権」と配当金を受け取ることのできる「剰余金配当請求権」は馴染み深いものなので知っている方も多いと思います。

しかし、もう１つの**「残余財産分配請求権」**はご存じない方が多いのではないでしょうか。

「残余財産分配請求権」とは、企業が解散した場合に、債務を返済した後で残った財産（＝残余財産）は株主が受け取ることができるという権利です。「残余財産」というのは、貸借対照表の純資産のことを指します。

実は、これから説明するＰＢＲという株価指標は、この「残余財産分配請求権」と密接に関係しているのです。

ＰＢＲは、「Price Book-value Ratio」の略で、日本語では「株価純資産倍率」「ピービーアール」と呼ばれます。

計算式は以下のとおり。

$$PBR（倍）= \frac{株価}{１株当たり純資産}$$

**ＰＢＲは、株価が１株当たりの純資産、つまり１株当たりの残余

財産の何倍の水準にあるかということを表しています。

ＰＢＲ１倍割れが「割安」なわけ

一般に、**ＰＢＲが１倍を割ると株価が割安と言われます。**

ＰＢＲが１倍を割るということは、株価が１株当たり純資産より低い状態であることを表します。

１株当たり純資産は、企業が解散したときに名目上、株主が受け取れる１株当たりの金額のことです。

ですから、**ＰＢＲ１倍割れの場合、「株価よりも、現時点で企業を解散したときに株主が受け取ることのできる金額のほうが高い＝株価が割安」**であることを示しているのです。

企業が将来利益を獲得すれば、その利益は剰余金として蓄積されて貸借対照表の純資産が増加します（第２章82ページ参照）。そのため、通常、利益を今後あげることができる企業のＰＢＲは１倍を超えるはずです。

それなのにＰＢＲが１倍を割っているなら、現時点の企業価値から考えて割安なのはもちろん、今後得られるであろう利益の蓄積による企業価値の増加を考慮すればさらに割安と言うことができます。

図表❸-②の例で考えれば、現時点でＰＢＲ0.9倍の企業は、株価が変わらなければ５年後にはＰＢＲ0.6倍と、さらに割安になる計算です。

図表❸-② **なぜＰＢＲ１倍割れが割安なのか？**

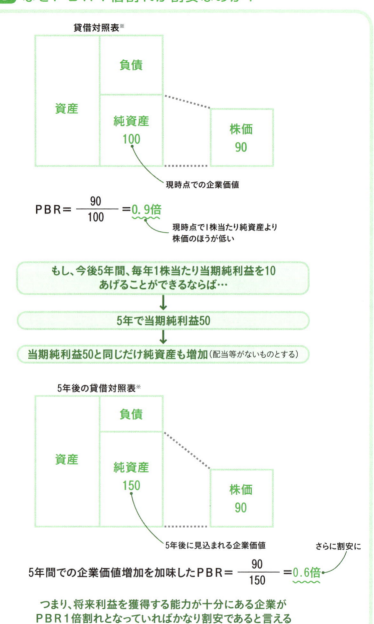

※1株当たりに換算。

ＰＥＲとＰＢＲの違い

　ＰＥＲは、今後獲得するであろう当期純利益の額と株価とを比較して株価の割高・割安を判断する「フロー」の指標です。
　一方、ＰＢＲは、すでに現時点で企業に存在する純資産の額を企業価値ととらえ、これと株価とを比較して株価が割安かどうかを判断する「ストック」の指標です。
　つまり、ＰＥＲは、これから企業が獲得する企業価値と株価との比較であるのに対して、ＰＢＲはすでに企業が持っている企業価値と株価との比較をするものであると言えます。

　利益の変動が激しい企業のＰＥＲは大きく上下にブレがちで、年によってＰＥＲが５倍になったり100倍になったりします。また、利益の額が非常に小さいと分母が小さくなり、ＰＥＲが非常に高くなってしまうこともあります。さらに赤字になればＰＥＲ自体が計算できません。そのため、**業績が安定していて毎年黒字を計上しているような企業でないとＰＥＲによる適切な株価評価は難しい**のが実情です。
　そんなときは、ストック面から見た現時点での企業価値と株価を比較した指標であるＰＢＲを使って、株価の下値のメドを探ることができます。**特に優良企業の場合は、一時的に業績が悪化したとしてもＰＢＲ１倍の水準で株価が下げ止まることがよく見られます**（図表❸－③①）。
　また、ＰＢＲが低い銘柄を割安株として買ったときには、**ＰＢＲ１倍の水準を、株価の割安感がなくなる水準ととらえ、当面の株価の上値メドとして使うこともできます**（図表❸－③②）。

図表❸-③ PBR1倍が下値メド、上値メドになっている例

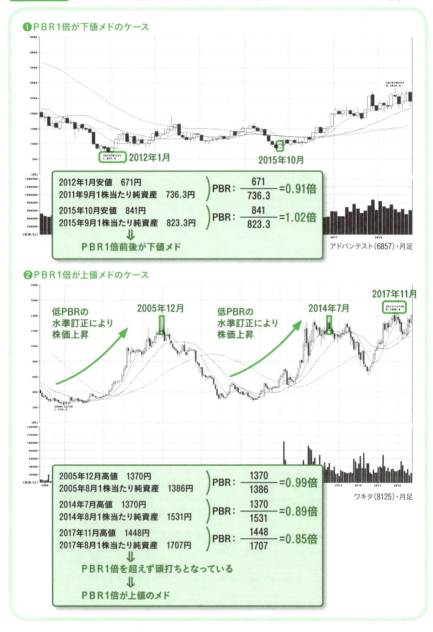

ＲＯＥの意味

株価指標ではありませんが、株式投資でよく用いられる経営指標として、ＲＯＥというものがあります。

ＲＯＥは「Return On Equity」の略で、日本語では**「自己資本当期純利益率」**「アールオーイー」と呼びます。決算短信や有価証券報告書などでは**「自己資本利益率」**と略されている場合もあります。

ＲＯＥの式は以下のとおりです。

$$ROE(\%) = \frac{当期純利益}{自己資本} \times 100$$

ＲＯＥは、株主の所有分である自己資本を元手に、どれくらいの利益を稼ぎ出すことができているか、を見るものです。

自己資本は、貸借対照表純資産の部の「株主資本＋その他の包括利益累計額」で求められます。

企業の収益力を利益の〝金額〟だけで判断しようとすると、規模の大きい企業のほうが規模の小さい企業より収益力が高い、と判断してしまいかねません。そこで、**「自己資本に対する当期純利益の割合」を使って企業規模の大小にかかわらず同じものさしによって収益力を測ろう**というのがＲＯＥなのです。

図表❸-④をご覧ください。自己資本 300 で当期純利益 45 のＡ社と、自己資本 20000 で当期純利益 2400 のＢ社では、利益の額だけを見るとＢ社のほうが収益力で優良のように見えます。しかし、ＲＯＥを比べると、Ａ社は 15％、Ｂ社は 12％となり、Ａ社の

ほうが自己資本を効率的に使って高い利益率を叩き出しているとい

図表❸-④ 企業規模にかかわらず収益力を測ることのできるROE

A社
自己資本　300
当期純利益　45

B社
自己資本　20000
当期純利益　2400

⇩

利益の額だけを見るとB社のほうが優良に見えるが…

$ROE = \dfrac{45}{300} \times 100 = 15\%$　　　$ROE = \dfrac{2400}{20000} \times 100 = 12\%$

ROEの高いA社のほうが収益力が高いと判定できる

うことがわかります。

ROEが高いほうが株価は上昇しやすい！

　一般に、**ROEが高ければ収益力の高い優良な企業、低ければ収益力の劣る企業**という評価がなされます。ROEが高いほうが将来の収益獲得能力が高く、ひいては企業価値向上による株価上昇が期待できることになります。

　ですから、投資対象としてROEが高い企業を選ぶのが得策です。

　では、ROEの低い企業は投資対象に値しないかと言えば、決してそんなことはありません。逆に**ROEが低い企業を選んで投資し、将来その企業のROEが改善して収益力が高まり、株価も大きく上**

昇するのを待つのも１つの手法です。

　最近では多くの企業がＲＯＥの向上を経営目標として掲げています。現時点でＲＯＥが低い企業も、ＲＯＥの向上を目指して努力を続けています。低ＲＯＥ企業が企業努力により高ＲＯＥ体質に生まれ変わり、優良企業の仲間入りとなる可能性も大いにあります。そうなれば株価も今よりはるかに高い水準にまで上昇することが期待できるのです。

　もしくは**ＲＯＥが高いにもかかわらず株価が低い、つまり収益力が高いことが正当に株価に反映されていないと思われる企業を探す**のもよいでしょう。その際、**ＲＯＥだけでなくＰＥＲも併用して考える**ようにしてください。

　なぜなら、ＲＯＥは企業の収益性を示す指標ですが、計算式を見てもわかるとおり、株価を介在したものではないからです。「ＲＯＥが20％の企業の株価が1000円だから割安」「ＲＯＥが３％しかない企業の株価が200円なら株価は割高」という使い方はしません（118ページのコラム「ＰＥＲ、ＰＢＲ、ＲＯＥの関係を知ろう」を参考にしてください）。

　ＲＯＥはどちらかと言えば、割安株を探すときよりも成長株を探すときに活用します。具体的な使い方は第４章にて説明しています。

配当利回りの意味

　配当利回りは、現在の株価で株を買った場合、配当金により年間で何パーセントの現金収入を得ることができるかを表したものです。

配当利回りは、以下の計算式で求めることができます。

$$配当利回り(\%) = \frac{1株当たり(予想)配当金}{株価} \times 100$$

ＰＥＲ同様、ここでも**１株当たり配当金は当期の予想数値を使う**ようにしてください。株価は将来を反映するものですから、前期以前の実績値にはあまり意味がありません。すでに払い終わった過去の配当金より、これからどれだけの配当金をもらえるかが大事です。あくまでも分子の１株当たり配当金は予想値を用いるようにしましょう。

　例えば、現在の株価1000円、１株当たり予想配当金が40円の銘柄であれば配当利回りは $40 \div 1000 \times 100 = 4\%$ となります。税金の影響を無視して考えるなら、もし配当利回りが４％なら、配当金の額が今後も不変であれば25年間配当金をもらい続ければ、配当金によって投資元本が回収できます。

　当然ながら、配当利回りが高いほうが、投資金額に対してより多くの配当金をもらえるので株価は割安、と言えます。

配当金は株価の下支え効果を持つ

　計算式を見るとわかるとおり、配当利回りが変動する要因は「１株当たり（予想）配当金の変動」と「株価の変動」の２つです。**１株当たり（予想）配当金が上昇するか、株価が下落すれば配当利回りが上昇します。**

　株価が下落して配当利回りが高くなってくると、配当金目当ての

買いが入ることによる株価の下支え効果が期待できます。

　例えば図表❸-⑤のみずほフィナンシャルグループ(8411)が2016年7月に安値をつけたときの配当利回りは5.28%でした。よって、今後も配当利回り5%程度の水準が下値のメドとなりそうだという予測がたちます。

図表❸-⑤　配当利回りの上昇が株価の下支え要因となる

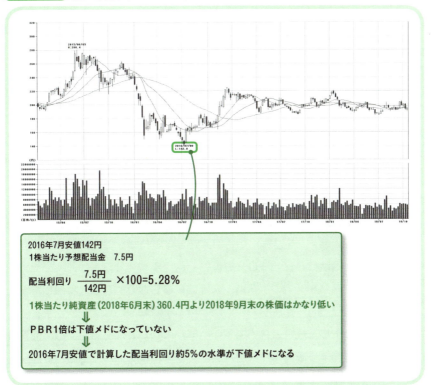

2016年7月安値142円
1株当たり予想配当金　7.5円

配当利回り $\dfrac{7.5円}{142円} \times 100 = 5.28\%$

1株当たり純資産(2018年6月末)360.4円より2018年9月末の株価はかなり低い
⇩
PBR1倍は下値メドになっていない
⇩
2016年7月安値で計算した配当利回り約5%の水準が下値メドになる

みずほフィナンシャルグループ(8411)・週足

コラム PER、PBR、ROEの関係を知ろう

PER・PBR・ROEは密接な関係があります。それは次の式で表すことができます（図表❸-⑥）。

$$PBR = PER \times ROE$$

図表❸-⑥ PBR＝PER×ROEとなる理由

$$PBR = \frac{株価}{1株当たり純資産}$$

$$PER = \frac{株価}{1株当たり当期純利益}$$

$$ROE = \frac{当期純利益}{自己資本} = \frac{1株当たり当期純利益}{1株当たり自己資本} = \frac{1株当たり当期純利益}{1株当たり純資産}$$

分母と分子を1株当たりで表現

自己資本≒純資産と考えられるので

よって
$$PER \times ROE = \frac{株価}{1株当たり当期純利益} \times \frac{1株当たり当期純利益}{1株当たり純資産} = PBR\ となる$$

この式からどんなことが見えてくるでしょうか。

図表❸-⑦をご覧ください。**もしPBRが低い銘柄があれば、その銘柄はPER×ROEも低いと言えます。ROEが低く、その結果PBRが低いのならば、株価はROEが低いことを反映した妥当な株価とも言えます。**

つまり、低PBRであるため確かに割安ではあるものの、低ROE、つまり収益力が低いために、このままでは、**株価の割安感が解消するレベル（PBR1倍）程度までの上昇は見込めるものの、**そ

れ以上の力強い上昇はあまり期待できないという推測をすることができるのです。図表❸-③ ②のワキタ（112ページ）も、低ＰＢＲですがＲＯＥも4.4％（2018年2月期実績）と低い水準のため、これまでＰＢＲ１倍が株価上昇の限界になってしまっています。

一方、ＲＯＥが高いのにＰＥＲが低いため、その結果ＰＢＲが低くなっている銘柄は、株価が割安に放置されている可能性が高まります。ＲＯＥが高い、つまり収益力が高いことが株価に反映されていないからです。こうした状態の銘柄はあまり出現しませんが、株式市場全体が大きく下落するようなときには出現することもあります。高ＲＯＥ、低ＰＥＲ、低ＰＢＲの銘柄は「お宝銘柄」と言えます。

このように、単にＰＥＲやＰＢＲだけから割安株を探すのではなく、ＲＯＥにも注目することで、真の割安株を見つけ出すことが可能となるのです。

また、ＰＢＲが高くＲＯＥも高い銘柄は、高ＲＯＥによる将来の純資産の増加を織り込んでＰＢＲが高くなっていると判断できるため、妥当な株価が形成されていると言えます。

しかし、ＲＯＥがそれほど高くないのにＰＥＲが高いためにＰＢＲも高くなっている銘柄は、割高であると考えることができます。低ＲＯＥ、高ＰＥＲ、高ＰＢＲの銘柄は、株価が実態より買われていることを表しているのです。

冒頭の式を変形すると「ＰＥＲ＝ＰＢＲ÷ＲＯＥ」という式が導き出せます。

この式からは、「ＲＯＥを高めればＰＥＲが低下する」ということがわかります。つまり、企業にとってはＲＯＥを高めることが株価上昇につながるのです（PER低下により割安感が強まり株価が上昇する）。

もちろん、上の式のＰＥＲ・ＰＢＲ・ＲＯＥの構成要素である利

益や純資産の数値は将来変化していきます。ＲＯＥがそれほど高くないのにＰＥＲやＰＢＲが高い銘柄は、割高なのではなく、もしかしたら将来の劇的な業績の伸びやＲＯＥの改善を株価が早くも織り込みにいった結果かもしれません。

　ＰＥＲ・ＰＢＲ・ＲＯＥの数値だけから株価の割安・割高を判断するのでなく、株価の動きも大いに参考にするようにしてください。

図表❸-⑦ ＰＢＲは同じでも…

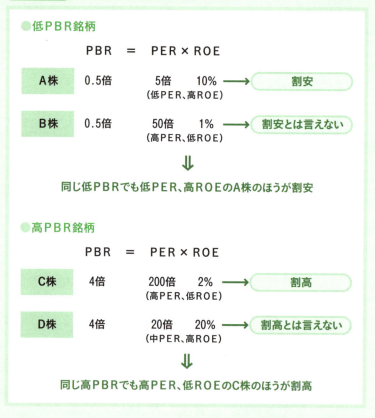

ＰＥＲ使用上の注意

　ＰＥＲ、ＰＢＲ、ＲＯＥそして配当利回りの基本的な説明は以上です。でも、いざ使ってみるとなると案外単純そうに見えて実は奥が深いのがこれらの株価指標。そこで、ここからはそれぞれの株価指標を実際に使用する際の注意点をまとめておきます。まずはＰＥＲからです。

❶１株当たり当期純利益は予想値を使う

　先ほども少しふれましたが、株価は将来の業績を織り込んで動くため、ＰＥＲの計算の際に使う１株当たり当期純利益は、予想値を使います。すでに終了した期の実績値を使うと、ＰＥＲの有用性が低下してしまいます。

　ＰＥＲの数値は、会社四季報やヤフー・ファイナンスなどポータルサイトの各銘柄の情報ページ、ネット証券の注文画面などに記載されていますので、自分で計算しなくても確認することができます。**ただし、サイトによっては、記載されているＰＥＲが１株当たり純利益に予想数字を使ったものではなく、もうすでに終わった期の実績数字を使っている可能性があります。**そこで、インターネットのサイト等でＰＥＲを見るときは、その数字が予想数字を使ったものなのか、終わった期の実績数字を使ったものなのかを確認するようにしましょう。

　ただし、過去の実績値を用いたＰＥＲに全く意味がないわけではありません。会社四季報の株価指標欄に「実績ＰＥＲ」が掲載されていますが、これは過去の株価が利益の実績値を用いたＰＥＲで何倍の水準の範囲内にあったかを示すものです。実績ＰＥＲは、その

企業の今後の株価の下値メドや上値メドを予想する上で参考になります。

❷企業の成長性の高低によりＰＥＲの水準は大きく異なる

ＰＥＲは、１株当たり（予想）当期純利益を使って計算するわけですが、その意味するところは、**「この１株当たり（予想）当期純利益と同じ利益水準が今後何年も続くとした場合」**、今の株価が割安かどうかということです。

しかし、**今後何年も利益がこの１株当たり（予想）当期純利益と同水準のままとは限りません**よね。成長性の高い企業であれば、１株当たりの当期純利益も増加していくでしょうし、逆に、業績が悪化して、来期以降、１株当たり当期純利益をどんどん減らしてしまう企業もあるはずです。

現時点での１株当たり（予想）当期純利益で計算したＰＥＲがいくら低くても、今後、利益がどんどん減ってしまうのなら今の株価は割安とは言えませんし、現時点でのＰＥＲが高くても今後、利益をぐんぐん伸ばしていくなら、今の株価は割高とは言えなくなります。

図表❸-⑧をご覧ください。単純にＰＥＲだけ見るとＣ社が最も割安、Ｂ社が最も割高になっています。しかし今後５年間、Ｂ社は利益の増加が見込める一方、Ｃ社は利益の減少が見込まれています。そこで、今後５年間の予想利益を株価で割ってみるといずれも３倍という数値になります。

このことから、将来の利益の見込みを加味して考えると、ＰＥＲ30倍のＢ社とＰＥＲ９倍のＣ社の株価はともに同じ評価がなされていることになります。

つまり、ここがＰＥＲの難しいところなのですが、単に10倍だから割安、50倍だから割高とは言えないのです。一般には「ＰＥ

図表❸-⑧ **PERの単純比較では割安・割高は判定できない**

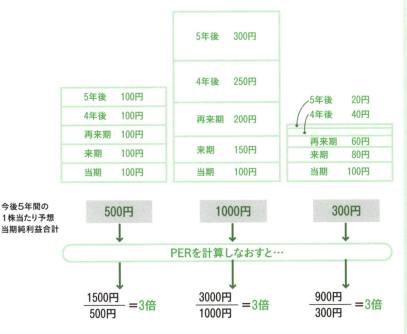

Rの妥当水準は15〜20倍程度（これより低ければ割安、高ければ割高）」といわれることが多いようですが、これはすべての上場企業のＰＥＲの平均値がだいたいそのくらいだから、ということにすぎません。

筆者の感覚では、**利益が毎年安定しており成長のほとんどない企業のＰＥＲは10倍前後**に落ち着いていることが多いように思います。つまり、**利益の額が今後も一定であると仮定した場合、投資元本を回収するために10年かかる水準が株価の適正水準**であると推測できます。

多少乱暴ですがこれを基準として試算すると、図表❸-⑨のとおり、毎年利益が10％ずつ増加することが見込まれる企業（年間成長率10％）の適正ＰＥＲは15.94倍、利益が毎年30％ずつ増加することが見込まれる企業（年間成長率30％）であれば42.62倍が適正水準となります。逆に、毎年利益が２％ずつ減少することが見込まれる企業の適正ＰＥＲは9.15倍と計算されます。

図表❸-⑨　成長率ゼロの企業の適正PER＝10倍とした場合の成長率ごとのPER適正水準（1年目の利益＝1として試算）

	成長率ゼロ	成長率年10%	成長率年30%	成長率年△2%
1年目	1	1	1	1
2年目	1	1.1	1.3	0.98
3年目	1	1.21	1.69	0.960
4年目	1	1.331	2.197	0.941
5年目	1	1.464	2.856	0.922
6年目	1	1.611	3.713	0.904
7年目	1	1.772	4.827	0.886
8年目	1	1.949	6.275	0.868
9年目	1	2.144	8.157	0.851
10年目	1	2.358	10.604	0.834
合計（＝適正PER）	10倍	15.94倍	42.62倍	9.15倍

そこで、毎年利益が30％以上伸びそうな企業のPERが15倍であれば、今後も利益が毎年30％伸び続けることを前提とすれば、株価はかなり割安であると言えます。また、成長率ゼロの企業でもPERが4～5倍なら割安と考えてよいでしょう。

ただし、10年先のことまで正確に予測することは事実上不可能であることを考えれば、もう少しアバウトにとらえたほうが実践的です。例えば会社四季報に記載されている**当期および来期の1株当たり（予想）当期純利益が前期の1株当たり当期純利益より増加すると見込まれている企業であれば、当期の1株当たり（予想）当期純利益から計算したPERが20倍を下回っていれば、割安ととらえてよいでしょう。**

図表❸-⑩をご覧ください。住宅メーカーのオープンハウスグループ(3288)は、2012年9月期以降売上、利益ともに増加を続けています。2017年3月中旬に発売された2017年2集の会社四季報を見ると、2017年9月期、2018年9月期も売上、利益の増加が予想されています。1株当たり当期純利益も増加予想です。

2017年4月下旬の株価2700円でPERを計算してみると、2017年9月期の1株当たり（予想）当期純利益を用いた場合6.70倍、2018年9月期のものを用いた場合は5.92倍と非常に低い数値となっています。

当期および来期の1株当たり当期純利益が前期より増加の予想であるにもかかわらずPERが非常に低いことから、株価が割安な価格で放置されていると判断することができます。

2017年4月下旬に2700円だったオープンハウスグループ株は、2018年1月には6970円まで大きく上昇しました。会社四季報をチェックしてこの株が割安であることに気づいて2017年4月下旬に買ったならば、9カ月で株価は約2.6倍になったのです。

なお、2018年2集の会社四季報を見ると、2017年9月期の実績、2018年9月期の予想値ともに、2017年2集のものより大きく増額されており、これが株価上昇の原動力になったものと思われます。

図表❸-⑩ PERから株価が割安であると判断できる事例

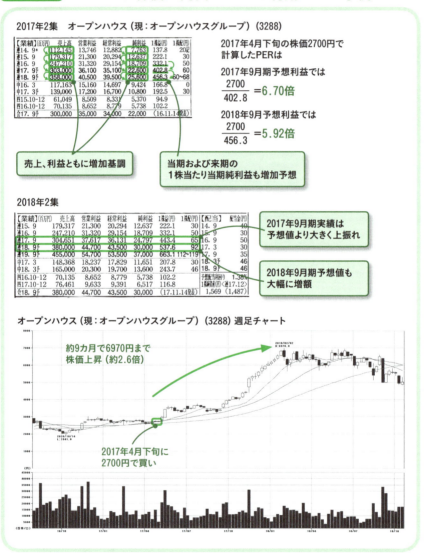

❸特別損益の影響を排除した実質ＰＥＲを計算する

　ＰＥＲの計算上必要な**当期純利益の金額は特別損益の影響を受けるためブレが大きくなってしまうのが難点です**。

　当期純利益は、経常利益に特別損益を加減して、税金を引いた最終的な企業の利益のことでした。たとえ経常利益が安定している会社でも、特別損益が大きい年と少ない年とでは、当期純利益が大きく異なってしまいます。そうなると、毎年のＰＥＲも大きく異なってしまい、本当の企業の実力とはかけ離れたものになってしまうのです。

　そこで、特別損益の影響を排除した**「実質ＰＥＲ」を自ら計算することをお勧めします**。企業の法人税等の税率が35％弱であることを考えると、実質ＰＥＲは「経常利益×65％」を実質的な当期純利益として計算すればＯＫです。つまり、計算式は以下のようになります。

> **実質ＰＥＲ＝株価÷（経常利益×65％÷発行済株式数）**

❹１株当たり（予想）当期純利益は、企業が業績予想を修正しないと変動しない

　ＰＥＲの計算式を見るとわかるように、ＰＥＲは「１株当たり（予想）当期純利益」か「株価」が変動すると数値が変わります。しかし、**１株当たり（予想）当期純利益は、実際に企業が業績予想の修正を発表しなければ変動することはありません。**

　株式市場にはプロの投資家も大勢参加しています。プロは、企業が業績予想の修正を発表する前から、企業訪問やリサーチなどを通じて、実際の企業業績が予想値より良いか悪いかを判断し、それに基づき投資行動をしています。

図表❸-⑪をご覧ください。例えばリサーチの結果、A社の実際の企業業績が予想値より相当悪化すると判断したプロの投資家がA社株の売却に動けば、A社の株価は下落します。一方で、表面上の1株当たり（予想）当期純利益は変わらないので、PERは低下します。

つまり、**業績の悪化をすでに株価は織り込んでいるのに、企業側から業績予想の下方修正の発表がなされるまではタイムラグがあることから、その間PERは低下し、何も知らない個人投資家はA社株を「PERが低いから割安だ」と思ってしまう**のです。

株式市場ではこうしたことが多々あります。PERの数値だけを見て行動してしまうのではなく、**株価の下落が続いている場合は業績の悪化を疑うなど慎重な対応が必要**です。

図表❸-⑪ PERの変動要因とプロ投資家の目

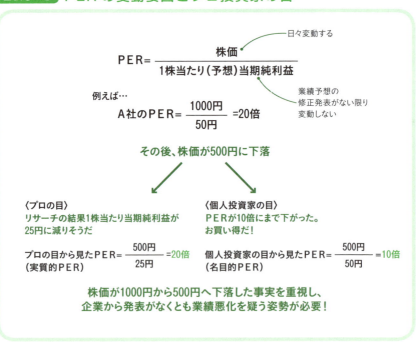

業績の変動が激しい銘柄や赤字銘柄の妥当株価の考え方

　ＰＥＲは、１株当たり（予想）当期純利益の水準がその後も続いた場合に、投資資金を当期純利益で回収するまでの年数を表したものです。

　業績の変動が激しい銘柄は、年により当期純利益が大きく異なってしまいますから、当期純利益を一定と仮定したＰＥＲで投資判断するのはあまり向いていません。また、赤字の銘柄はそもそもＰＥＲの計算ができません。

　そうした銘柄の下値メドや妥当株価を測るには、１つにはＰＢＲや配当利回りといった他の株価指標を使うことが考えられます。

　それ以外に、筆者が考えるのは**「過去20年程度の業績をもとに来期以降10年間の１株当たり当期純利益を予測し、その合計を妥当株価とする」**という方法です。これは、先に124ページで示した「利益が毎年安定しており成長がほとんどない企業のＰＥＲは10倍前後に落ち着いていることが多い」つまり「今後10年間に予想される１株当たり当期純利益の額の合計が妥当株価である」という筆者の感覚から導き出したものです。

　図表❸-⑫をご覧ください。例えば、株価600円、１株当たり（予想）当期純利益200円でＰＥＲ３倍であるが来期以降は景気減速のため業績の急速な悪化が見込まれている（来期の１株当たり予想当期純利益は50円に減少）銘柄があるとしましょう。確かに業績は悪化するものの、過去の業績などから判断して**今後10年間の１株当たり当期純利益の合計を予想すると1200円は見込める**、というのであれば、現在の株価は妥当株価の半値しかないため割安だ、と考えるのです。

図表❸-⑫ 業績の変動が激しい銘柄の妥当株価

利益が安定しており、成長のほとんどない企業 ⇒ PER10倍前後であることが多い

このことから今後10年分の利益合計が妥当株価と推測できる

例えば…

$$\frac{株価600円}{1株当たり（予想）当期純利益\ 200円} = PER3倍$$

⇓

現在の株価は割安か？

1株当たり当期純利益

当期	200円
来期	50円
再来期	?
…	
10年後	?

10年間の合計 ?円

過去の業績から見て10年間で1200円は見込めそう…

1〜10年前の1株当たり当期純利益の合計	1800円
6〜15年前の1株当たり当期純利益の合計	1500円
11〜20年前の1株当たり当期純利益の合計	1200円

⇓

妥当株価1200円に対して現状の株価は600円なので割安と判断

成長株をはじめとした高PER銘柄への対処法は？

　PERは、主に業績に比べて株価が割安な銘柄を探すために使われます。では、成長株をはじめ、PERが高い銘柄に対してはどのように対応していけばよいでしょうか。

　一般に「PERが高ければ高いほど株価が割高」という判断ができますから、**将来の成長性がせいぜい年間10％程度（124ページで計算した適正PERは15.94倍）と見込まれる銘柄のPER**

が50倍にもなっているようであれば、**株価は割高な状態にあるため新規投資はとりあえず見送るのが賢明**ということになります。

　ただ、ＰＥＲは利益の予想値を用いて計算することからわかるように、完全な指標ではありません。ＰＥＲが50倍、100倍と非常に高くとも、成長性が抜群に高いために株価の上昇がさらに続く銘柄も決して珍しくありません。例えば図表❸-⑬のGMOペイメントゲートウェイ（3769）はＰＥＲ70倍超の水準からさらに株価が上昇しました。

　また、年間の利益成長が10％程度の銘柄がＰＥＲ50倍であっても、プロ投資家が「この会社は将来大きく成長する」と予想していたなら、割高にみえるＰＥＲであっても、実際は割高とはならない、という可能性も大いにあります。

　「株価は株価に聞け」という格言がありますが、**株価が「上昇トレンド（第5章参照）」にある間は、多少の高ＰＥＲは目をつむって買ってみるという戦略もあります。**もしかしたら、自分自身が思っているよりはるかに高い成長が見込まれると他の多くの投資家が確信しているために株価が上昇しているのかもしれないからです。

　それでなくとも、将来の売上や利益の増加が見込まれる「成長株」は恒常的に高ＰＥＲとなっていることが多く、ＰＥＲで評価すると常に割高な状態に見えます。しかし、例えば、売上や利益が毎年倍々ゲームで増加しているような超成長株のＰＥＲが100倍だとしても、3年後、4年後の予想当期純利益でＰＥＲを計算すればまだまだ割安という判断のもと、株が買い進まれていくことも決して珍しくありません。

　もし、保有している銘柄の株価が上昇し、ＰＥＲから見て明らかに割高な水準になった場合は売却してももちろんよいですが、株価の上昇トレンドが終了するまでは持ち続けてみるのも1つの手です。表面上ＰＥＲが高くとも、実は驚くほど高い成長が見込まれている

図表❸-⑬ 高成長株のPERと株価の推移（株価チャート）

2017年12月19日　株価　9000円
2018年9月期1株当たり（予想）当期純利益　115.8円

$$PER: \frac{9000円}{115.8円} = 77.72倍$$

⇒ PERだけ見ると割高だが…

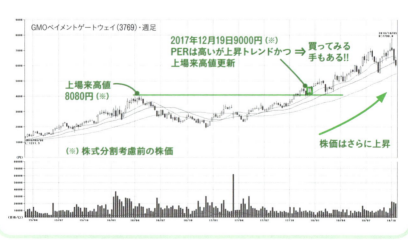

GMOペイメントゲートウェイ（3769）

結果、株価が上昇しているのかもしれませんし、株価が上昇を続けているならばあわてて売る必要もないからです。

成長株の取り扱いについては、第4章にて詳しく説明していますので、そちらを参考にしてください。

注意！ 1株当たり純資産はあくまで「帳簿上」のもの

　ここからは、ＰＢＲを使用する際の注意点です。まず注意したいのは、ＰＢＲ計算式の分母の1株当たり純資産はあくまでも「帳簿上のものである」という点です。

　純資産は資産から負債を差し引いた残りの金額です。では、**資産として計上されているものを実際に帳簿価格（貸借対照表に載っている金額）で換金できるかと言えばそうではありません。**貸借対照表に計上されている資産に含み損がある場合、売却等によりそれが実現すると純資産も減ってしまうのです。ですから、ＰＢＲが1倍を割れていても、資産の含み損を考慮すれば実質的なＰＢＲは1倍を超えてしまうということも大いに考えられます。

　最近は、会計基準の整備が進み、貸借対照表の計上額が時価をある程度反映した金額になっているため、ＰＢＲの信頼度は以前よりはかなり増したと言えます。しかし事業撤退や工場閉鎖などで資産を処分する場合などは、リストラ費用の計上も相まって多額の損失が生じ、純資産の大幅な減少要因となりますから注意が必要です。

　また、保有する有価証券の時価の変動によっても1株当たり純資産は変動します。**多額の有価証券を保有する企業は、保有株が下落すると1株当たり純資産が減少し、上昇すると1株当たり純資産が増加します。**この点も頭に入れておいてください。ちなみに、有価

証券の保有額は、決算短信に掲載されている貸借対照表の「有価証券」と「投資有価証券」の金額を合計すればわかります。

例えば図表❸-⑭のように、表面的にはＰＢＲが0.2倍でとても割安に見えたとしても、土地の売却損や有価証券の時価下落、リストラ費用を反映すると実質的なＰＢＲが2倍にはねあがってしまう、といったことも十分起こりうるのです。

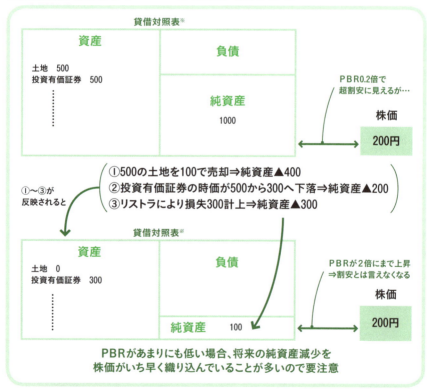

図表❸-⑭ 表面的なPBRは割安に見えても…

※1株当たりに換算。

高ＰＢＲ銘柄は割高なの？

　ＰＢＲは１倍割れの場合は株価が売られすぎの水準であり、ＰＢＲが低いほど株価が割安である、というのが原則的な使い方です。
　では、逆にＰＢＲが高い銘柄は「株価が割高」と言えるのでしょうか？
　高ＰＢＲ銘柄は、市場が売上や利益の伸びといった成長性を高く評価している結果として高ＰＢＲになっただけで、高ＰＢＲであることをもって割高と判断するのは正しくないと言えます。
　図表❸-⑮をご覧ください。この銘柄は業績の大きな伸びが評価されて株価が大きく上昇しています。つまりこの銘柄は高い成長性を背景にした株価上昇なのであって、ＰＢＲを見てこの銘柄に投資している人は皆無なのです。ＰＢＲの上昇は、高成長を理由とした株価上昇に伴い、つられて上昇したにすぎないのです。
　また別の見方をすれば、将来得られるであろう利益が将来の純資産増加にもつながることから、それを織り込んで高ＰＢＲになっているとも言えます。
　つまり高成長が続き今後も多くの利益を獲得できれば純資産の増加により将来的にはＰＢＲも下がってくるのだから、現時点でのＰＢＲが高くとも一向に問題ないということです。ＰＢＲは、あくまでもストック面からとらえた株価の「割安度」を測るために用いるようにしましょう。

図表❸-⑮ 高PBR銘柄は成長株に多い

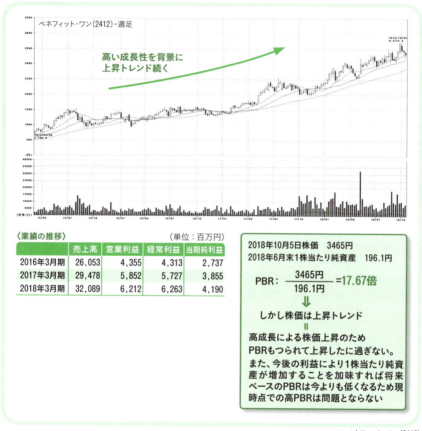

ベネフィット・ワン（2412）

自己資本の小さい企業の
高ROEには注意！

　ROEに関して1つ注意したい点があります。それは、**「自己資本の金額が小さい企業のROEは異常に高い数値を示しやすい」**ということです。

　自己資本の金額が小さい企業は、ROEの計算上、分母の金額が

小さくなります。図表❸-⑯をご覧ください。例えば、ともに総資産10000、当期純利益が1000のC社、D社があったとしましょう。C社の自己資本は8000、D社の自己資本は500です。このとき、C社のROEは12.5％であるのに対し、D社のROEは200％にも達してしまうのです。これを見て「D社はC社より圧倒的に収益力が高い」と評価するのは正しくありません。

　自己資本の金額が小さい企業は、自己資本比率が低いことが多く、安全性の面からも不安があります。**収益性を測る別の指標であるROA（Return On Assets：総資産利益率）や安全性を測る指標である自己資本比率も併用した上でROEを活用するようにしてください。**

　ROAについては図表❹-㉕（210ページ）で説明しています。

図表❸-⑯　自己資本が小さいとROEが異常に高くなる

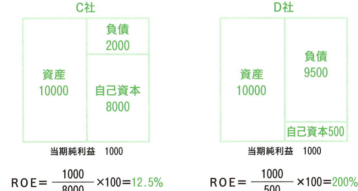

ROEやROA、自己資本比率は会社四季報にも記載されていますのでチェックしておきましょう。

配当利回りのここに注意！

次に、配当利回りにより銘柄選びをする際の注意点をいくつか挙げておきます。「配当利回りが高ければ株価は割安」と単純にはいかないのが株式投資の難しさであり、面白さでもあります。

❶配当利回りが低くてもその銘柄が「割高」とは考えない

配当利回りは株主へのキャッシュの身入りという点からとらえられる指標です。積極的に株主へ利益を還元するために多くの配当金を支払う企業がある一方、**企業体質の強化や将来への投資に使うため、利益を配当金に回さず内部留保する企業も多くあります。**

配当に対する方針は企業によって様々です。そのため、配当利回りが低いからといってその企業の株価が割高、ということにはなりません。

❷配当利回りはあくまでも「予想値」であることに注意

配当利回りの計算式の分子は１株当たり「予想」配当金です。そのため、**業績の変化などにより当初予想していた配当金と実際支払われる配当金が異なることも多くあります。**

高い配当利回りを期待して投資したものの、その後の業績悪化で配当金が予想より減額され、株価も大きく下がってしまうことがよくある点は注意してください。

当期の配当金が予想通り支払われるか、そして来期以降も当期と同水準もしくはそれ以上の配当金が期待できるかどうかを見るために有効な指標として「配当性向」というものがあります。

配当性向は、以下の式で計算することができます。

$$配当性向（\%） = \frac{1株当たり配当金}{1株当たり当期純利益} \times 100$$

配当性向が低い方が、利益を配当金に回す割合が小さいので、配当金の支払い余力が高いことを示します。

例えば1株当たり配当金が20円、1株当たり当期純利益が100円であれば、配当性向は20円÷100円×100＝20％です。この会社の1株当たり当期純利益が50円に半減した場合、配当金を20円に据え置いてもまだ30円の利益が残りますから、業績悪化に対する配当金減額のリスクは低くなります。

逆に配当性向が100％を超えるような場合は注意が必要です。1年間に得た利益よりも大きい配当金を支払っているからです。図表❸-⑰をご覧ください。大塚家具（8186）の2015年12月期決算では、1株当たり配当金が80円であるのに対し1株当たり純利益が19.4円、配当性向はなんと412.4％に達しました。2016年12月期、2017年12月期は赤字計上にもかかわらず配当金を支払っ

図表❸-⑰ 配当性向が100％超えのケース

大塚家具（8186） 2018年4集

※大塚家具（8186）は2021年8月にヤマダホールディングス（9831）の完全子会社化により上場廃止となりました。

ているため、配当性向は計算不能となっています。

　しかし、利益より配当金が多ければ、その分会社から資金が流出し続けます。その状態が長続きするわけもなく、結局業績悪化に伴い2018年12月期の配当金は未定（業績予想から鑑みれば実質ゼロ）になってしまいました。

　なお、配当性向は過去数年程度の実績値と当期の予想値をチェックしておくことをお勧めします。配当金の支払い方針は会社ごとに異なりますが、1つのメドとして、配当性向が50％以内に収まっていれば合格、と考えておけばよいでしょう。

❸配当利回りの高低は相対的なものである点に注意

　「配当利回り3％だからこの株は割安」というとらえ方は、絶対的なものではありません。

　配当金は株式を保有しているだけで受け取れるものなので、預金利息や債券利息と同じように「インカムゲイン」に分類されます。配当金を重視する投資家は、配当金より高い利息を得られる金融商品があれば、そちらに乗り移ってしまいます。

　超低金利時代の今は安定して配当利回り3％を得られる銘柄は魅力的ですが、もし、預金金利や債券金利が5％になれば、配当利回り3％の銘柄は少なくとも「インカムゲイン」の面から見れば魅力を感じることができなくなってしまいます（図表❸-⑱）。

　配当利回りが高い・低いという判断基準はその時々の預金利息や債券利息など他の金融商品の利回りとの比較による相対的なものなのです。

　過去の配当利回りと債券の利回りを比較すると、債券の利回りのほうが高い時期もかなりの期間におよんでいます。**債券の利回りのほうが株式の配当利回りよりも高いのに、配当利回りで銘柄選びを**

しても意味がありません。配当利回りの高さに着目して買いが入り株価が上昇する、というシナリオは描けないからです。そんなときは配当利回りではなく、成長性やＰＥＲ、ＰＢＲから見た割安度を選択基準とすべきでしょう。

図表❸-⑱ 「配当利回り＝3％」はいつでも高利回りか？

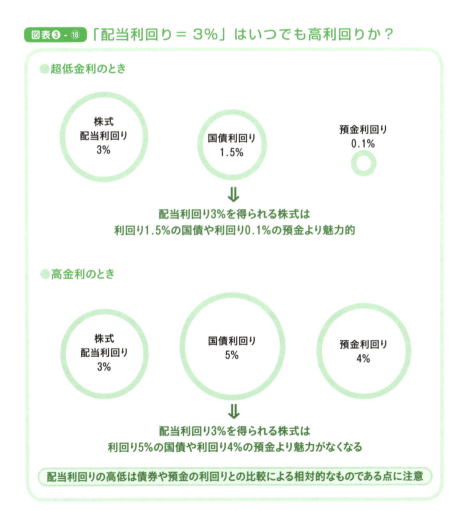

［よくある間違い❶］
低ＰＥＲ銘柄に飛びつくな

　ここからは「飛びつくな」シリーズと題して、より実践的な話をします。ＰＥＲ、ＰＢＲ、配当利回りといった株価指標から見て明らかに割安にうつる銘柄にひそんだワナと、それに引っかからないための対処法を伝授します。

　ＰＥＲが低ければ低いほど割安、という理屈はすでに説明したとおりです。しかし、ＰＥＲが低い銘柄を見つけたとき「これは割安だ」と、無条件に飛びついて買ってしまうのは早計です。

　ＰＥＲが低いまま放置されているのにはそれなりの理由があるはずです。❶株式市場全体が下落、低迷しているなどの影響で、企業実態より売り込まれている、❷業績の悪化や成長の鈍化を株価が先取りして織り込んで下落している、❸不人気のため安値に放置されているという３つが考えられます（図表❸ - ⑲）。

図表❸ - ⑲　ＰＥＲが低いまま放置されている理由

①株式市場全体が低迷しているため、実態より売り込まれている
②業績悪化、成長鈍化を織り込んで株価が下落している
③不人気のため安値に放置されている

①や③なら買ってもよいが、②の理由だと問題
②の場合、株価が下落を続けていることが多い

株価の下落が止まるまでは低ＰＥＲであっても
うかつに手を出さないようにすべき

❶や❸の理由なら買ってもよいのですが、❷の理由であるとすると問題です。127ページ❹や図表❸－⑪（128ページ）でご説明したとおり、低ＰＥＲが表面上のものでしかない可能性が高いからです。

しかし、これらのどの理由により低ＰＥＲになっているかを見極めるのは簡単ではありません。複数の理由が混在している可能性もあります。

そこで、単にＰＥＲの数値だけを見て、ＰＥＲが低いから割安であると判断するのではなく、**株価の動きも合わせて見るようにしてください。**

繰り返しになりますが、ＰＥＲが変動する要因は分子の「株価」が変動する、もしくは分母の「１株当たり（予想）当期純利益」が変動する２つです。もし、１株当たり（予想）当期純利益が増額されたためにＰＥＲが低下しているような場合は、業績の伸びに株価が追いついていないことになるため、株価の割安感が強まっていると見てよいでしょう。

しかし、１株当たり（予想）当期純利益は変わりないまま、株価が下落することによりＰＥＲが低下している場合は、株価が本当に割安になっていることを示しているときと、そうではなく業績悪化や成長鈍化を株価が織り込んだ結果、見かけ上ＰＥＲが低くなっているだけの（実際は割安ではない）ときがあります。

127ページ❹でも説明したように、**株価が下落を続けている低ＰＥＲ銘柄は、前ページ❷が原因の「見せかけの低ＰＥＲ」である恐れがあります。**したがって、**少なくとも株価の下落が止まるまでは手を出さない**ほうが賢明です。

また、こうした銘柄は、企業からの発表により実際に業績が悪化したり成長が鈍化したことが明るみに出ると、さらに大きく株価が

第3章　決算書に関連した代表的バリュエーション指標

下落することもあります。そのため、業績予想の修正や決算発表が済んでから新規投資したほうが、株価の乱高下に巻き込まれるリスクを減らすことができます。

［よくある間違い❷］
低PBR銘柄に飛びつくな

　PERと同様、PBRでも株価が割安な水準にあるかどうかを判断することができます。ただし、何も考えずにPBRが低い銘柄に飛びついてしまうと、思わぬ損失を被ることがありますので注意が必要です。

　PBRが低い状態で放置されている理由は、以下のものが考えられます。

❶株式市場全体が調整局面にあるなどの理由により、企業実態より株価が売り込まれている
❷含み損の実現や業績の悪化による純資産の減少を株価が先取りして織り込んで下落している
❸不人気のため安値に放置されている

　❶や❸の理由によりPBRが低くとどまっているのなら特段問題ないのですが、❷の理由によるのであれば十分に注意が必要です（図表❸-⑳）。

　PBRの計算式を見るとわかるように、PBRの変動要因は「株価の変動」と「1株当たり純資産の変動」の2つです。そして、将来企業が利益をあげれば純資産の増加につながります。逆に、将来

企業が損失を計上すれば純資産は減少します。

　つまり、ＰＢＲが低くても、133ページで説明したように今後工場閉鎖、事業撤退などのリストラ損失の計上をはじめ、貸付先の財務状態悪化による貸倒引当金の計上による損失、市場環境の急速な悪化のための大赤字の計上などの理由により、将来１株当たり純資産が減少する可能性が高いと市場参加者が考えているなら、そうしたリスクを反映して株価は低下します。また、ここ数年赤字続きで１株当たり純資産が年々減少しているような企業は、「今後も赤字が続いて純資産が減少するだろう」「このままでは倒産の危険性もある」と市場参加者が見込んでいるためそれなりの株価しかつかず、結果としてＰＢＲが低くなります。こうした銘柄の低ＰＢＲは、株価が割安なのでは決してなく、いまだ分母の１株当たり純資産には反映されていない将来の純資産減少リスクや倒産リスクが分子の株価にのみ反映された結果にすぎないのです。

　私たち個人投資家は、低ＰＢＲの理由が❷によるものかどうかを見極める必要があります。❷の理由による低ＰＢＲは、株価が将来

図表❸-⑳　ＰＢＲが低いまま放置されている理由

①株式市場全体が軟調なため、企業実態より株価が売り込まれている
②含み損実現や業績悪化による将来の純資産減少を織り込んで株価が下落している
③不人気のため安値のまま放置されている

①や③なら買っても問題ないが②の要因でないことをよく確かめることが重要

⇩

株価の下落が止まらない場合は特にを疑うべき

の純資産減少を先取りしているだけであり、実質的には低ＰＢＲではないからです。さらに、今後の業績いかんでは倒産してしまう危険性も大いに考えられます。

❷の状況にある企業の中にはＰＢＲ0.1倍といったものもあります。ＰＢＲ0.1倍といえば、企業価値の10分の1の株価しかついていないことになります。いくら割安とはいえ、ここまでになると、「何かリスクが隠れているのではないか」と勘ぐったほうがいいでしょう。特に、**他の銘柄と比べて明らかに株価の動きが弱かったり、全体が上昇相場であるのにその銘柄だけ株価の下落が止まらない、といったケースは要注意**です。

正しい低ＰＢＲ銘柄の選び方

筆者の経験上、業績に問題ない企業のＰＢＲが0.1倍まで低下することはほぼないものの、0.3倍程度まで低下することは、特に市場全体の低迷期では珍しくありません。大暴落の後などであれば、0.2倍程度に低下することもあり得ます。

つまり、低ＰＢＲ銘柄と一口に言っても、何らかの問題を内部に抱えているような倒産リスクが比較的高い銘柄と、純粋に割安に放置されている銘柄とが混在している状態にあるのです。

そこで、低ＰＢＲ銘柄に投資する際には、以下のような点から銘柄を選ぶとより安全です。

❶ **毎期黒字を計上している**
　⇒ 黒字を計上していれば、1株当たり純資産は増加する。今後も黒字計上により企業価値の増加が見込める企業であれば、将来的な株価上昇が見込める。

❷ **無借金、あるいはそれに近い状態**
　⇒ 無借金かそれに近い状態（キャッシュの残高に比べ有利子負債が少額）であれば、倒産の危険性を気にすることなく保有することができる。

❸ **営業キャッシュ・フローが毎期プラス**
　⇒ 営業キャッシュ・フローが毎期プラスであれば、本業によるキャッシュ獲得能力を有すると言えるため、安全性が高い。キャッシュ増加による企業価値向上も期待できる。

　業績や財務面から見て特段問題ないにもかかわらずＰＢＲが低い銘柄は、基本的に人気薄の状態です。低ＰＢＲで明らかに割安であると判断できても、2年、3年たっても株価がほとんど上昇しないこともあります。一般に低ＰＢＲ銘柄が上昇するのは、市場全体が上昇局面となり、全体の株価水準の底上げが起きるときです。例えば図表❸-㉑のワキタ（8125）は2002年頃までＰＢＲ0.3倍前後で推移していたものの、2003年以降の日本株全体の上昇局面では大きく上昇し、2005年12月にはＰＢＲ1倍の水準まで上昇しました。リーマンショック後の2009年〜2010年頃には0.2倍前後までＰＢＲが低下した時期もありましたが、2014年7月の高値の際は再びＰＢＲが0.89倍と1倍の水準に近づきました。

　低ＰＢＲ銘柄が花開くのはいつになるかはわかりませんが、そのときはきっとやってくるはずです。業績面、財務面で問題ない低ＰＢＲ銘柄を割安な価格で買ったら、あとは株価が上昇するのを辛抱強く待つのみです。ただしいくら割安とはいえ株価が下がり続けている途中で買うのは危険ですし、損切りルールの設定およびその遵守（いずれも第5章で説明）は必要です。

図表❸-㉑ "正しい低PBR銘柄" ならいつかは花開く！

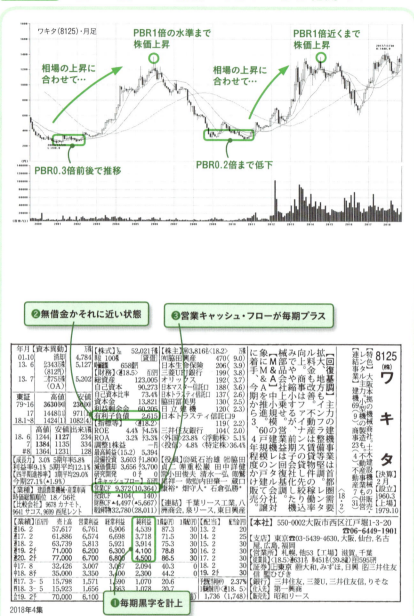

［よくある間違い❸］
配当利回りが高い銘柄に飛びつくな

　低ＰＥＲ、低ＰＢＲ銘柄と同様、高配当利回り銘柄も株価が割安であるサインです。ですから、高配当利回り銘柄を見つけるとつい飛びついて買いたくなってしまいますが、まずは**「なぜその銘柄の配当利回りが高いのか」**を考えてみる必要があります。

　配当利回りが高い銘柄が存在する理由としては、ＰＥＲやＰＢＲと同様、以下の３つが考えられます。

❶株式市場全体が調整局面にあるなどの理由により、配当利回りが高い状態になるまで株価が売り込まれている
❷予想より配当金の額が少なくなったり、来期以降配当金が減らされる可能性が高いと市場参加者が判断している
❸不人気のため安値に放置されている

　❶・❸の理由であれば問題ありませんが、❷の状態にある銘柄への投資は慎重に行う必要があります。❷の銘柄の配当利回りが高いのはあくまで表面上だけであり、実態とは異なっている可能性が高いからです。

　❷の状態にある銘柄は、配当利回りが４％、５％……と上昇しても株価が下げ止まらないことがよくあります。では、なぜ配当利回りがそこまで高くなるほど株価が下落しているのでしょうか。
　忘れてはならないのは、配当利回りは、「現時点での１株当たり配当金の予想額が、今後も続いた場合の利回り」であるという点で

す。

　そこで、ガス株のように、毎期配当金の額が安定している銘柄の配当利回りが、その時々の市場における配当利回りの適正水準を表していると言えます。

　ガス株より配当利回りが高い銘柄は、ガス株にはないリスク、例えば「配当金が安定しない」「配当金が将来減らされる」などのリスクを抱えている可能性が高いと言えます。もし、そうしたリスクがないなら、配当利回りがガス株よりはるかに高い水準になるまで株価が下落することはないはずだからです。

　例えば、**ガス株の配当利回りが3％のとき、配当利回りが7％の銘柄があったとしたら、配当金が将来減少するリスクを大いに考えなければなりません。**

　こうした銘柄の多くは、遠くない将来に、**業績の下方修正と配当金の減額修正の発表があるものです。そんな銘柄に投資すると、業績の下方修正で売られ、配当金減額で売られ……とダブルパンチで株価が大きく値下がりすることもあります。**

　例えば図表❸－㉒の大塚家具（8186）は2015年7月の高値2006円から下落を続け、配当利回りが5％、6％、7％になっても一向に下げ止まりませんでした。2016年12月期予想配当80円に対し、2016年8月には895円まで売られ、配当利回りは8.9％にまで達しました。しかしその後も株価は一向に上がりません。結局、2017年12月期の配当は40円に減額、2018年12月期の配当は未定になってしまいました（おそらくゼロの可能性が高いと思われます）。株価はさらに下がり、2018年9月には256円まで下落しました。この株価の動きはまさに将来の業績悪化と配当減額を先取りしたものと言えます。

　株価が下げ続けていることが原因で配当利回りが上昇している銘柄は、少なくとも株価が下げ止まるまでは手を出すべきではありま

せんし、できれば業績予想修正や決算発表が終わってから買ったほうが株価の大幅な下落というリスクを回避することができます。

　以上から配当利回りによる銘柄選びの筆者なりの結論は、次のようになります。

- 配当利回りを重視して銘柄を選ぶ場合は、ガス株など「業績が安定している」「毎年の配当金も変動が少なく安定している」銘柄が、そこそこ高い配当利回りで、預金や債券の利息と比べても十分に高い水準であるならば買ってもよい。
- 業績が安定していないが配当利回りが高い銘柄へ投資するときは、業績も配当金も安定している銘柄にはない追加的なリスク（将来業績悪化や配当金減額となる可能性が高い、流動性が低いなど）を抱えている可能性が高い点をよく理解した上で投資すべき。

図表❸-㉒ 配当利回り上昇にもかかわらず株価下落が止まらない！

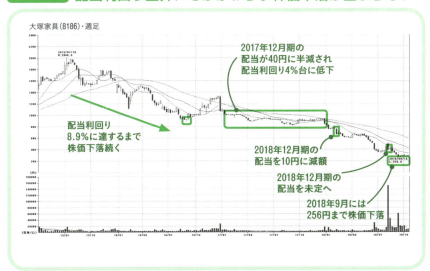

※大塚家具（8186）は2021年8月にヤマダホールディングス（9831）の完全子会社化により上場廃止となりました。

増資や自社株買いによる株価への影響は？

　増資を発表した会社の株価が大きく値下がりしたり、自社株買いを発表した会社の株価が大きく値上がりすることがあります。

　それは一体なぜなのでしょうか。増資や自社株買いによりPER

図表❸-㉓　増資による1株当たりの価値の希薄化

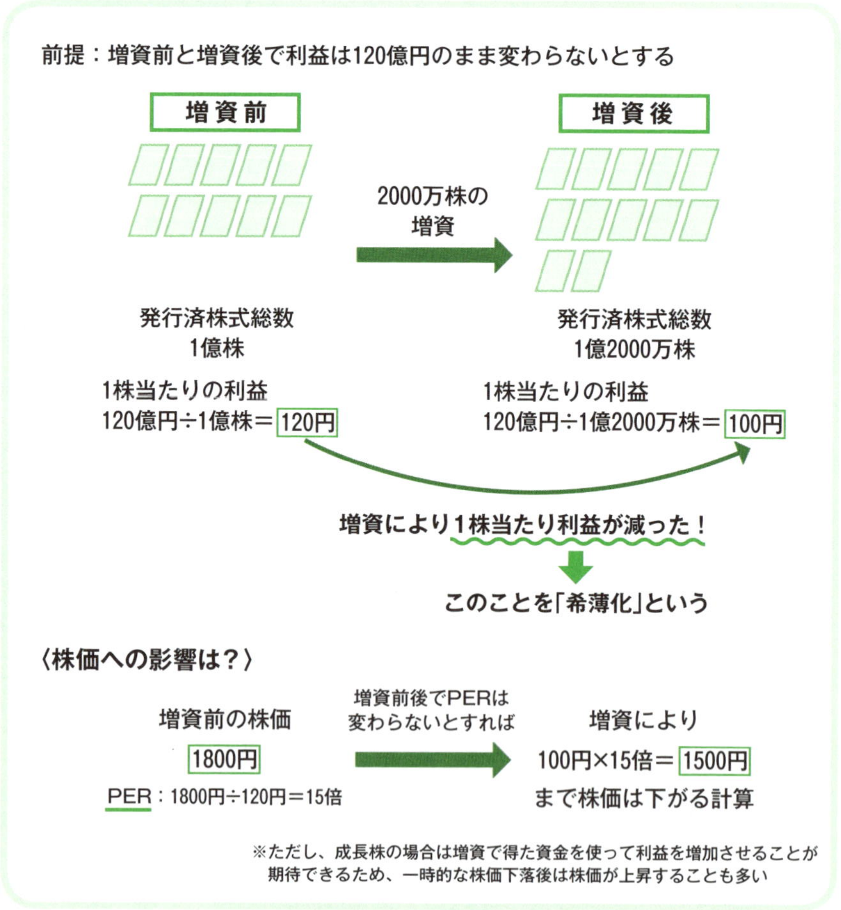

前提：増資前と増資後で利益は120億円のまま変わらないとする

【増資前】　→　2000万株の増資　→　【増資後】

増資前
発行済株式総数
1億株
1株当たりの利益
120億円÷1億株＝ 120円

増資後
発行済株式総数
1億2000万株
1株当たりの利益
120億円÷1億2000万株＝ 100円

増資により1株当たり利益が減った！
↓
このことを「希薄化」という

〈株価への影響は？〉

増資前の株価　1800円
PER：1800円÷120円＝15倍

　→　増資前後でPERは変わらないとすれば　→

増資により
100円×15倍＝ 1500円
まで株価は下がる計算

※ただし、成長株の場合は増資で得た資金を使って利益を増加させることが期待できるため、一時的な株価下落後は株価が上昇することも多い

がどう変化するかというメカニズムを知れば、簡単に理解することができます。

まず増資の場合です。例えば図表❸-㉓のように、発行済株式総数1億株の企業が増資により2000万株の新株を発行するとした場合、発行済み株式総数は1億2000万株に増加します。

当期純利益が120億円だとすると、増資前の1株当たり当期純

図表❸-㉔ **自社株買いによる株価への影響**

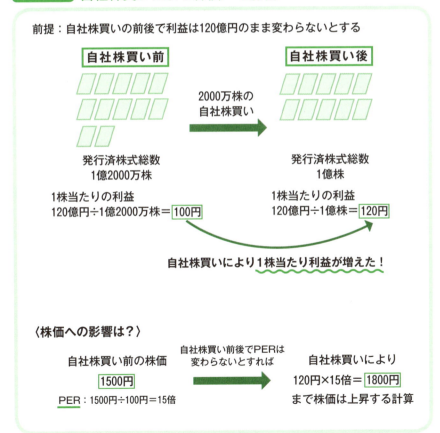

利益が120円だったのに対し、増資後は100円に減少します。

このように、**増資により1株当たり当期純利益をはじめとした1株当たりの価値の低下が生じることを、「希薄化」**と言います。

希薄化により、1株当たり当期純利益が減少しますから、ＰＥＲ15倍で変化がないとしたら、増資により120円×15倍＝1800円だった株価が、100円×15倍＝1500円に低下することになります。

なお、増資発表直後は希薄化を嫌気して株価が下落することが多いですが、増資により得た資金を使って、希薄化のデメリット以上に利益を得ることができそうだと投資家が判断すれば、株価は徐々に上昇に転じていきます。

自社株買いの場合、この逆と考えておけばよいでしょう。**自社株を株式市場から買うことにより、発行済株式総数が減少します。すると、1株当たり利益が上昇します。**

発行済株式総数が1億2000万株の会社が2000万株の自社株買いを行えば、1株当たり当期純利益を計算する際の発行済み株式総数が、1億株に減少します（図表❸-㉔）。

そのため、100円だった1株当たり当期純利益が120円に上昇します。自社株買いの前後でＰＥＲは15倍で変化がないとした場合、自社株買いの前は100円×15倍＝1500円だった株価が120円×15倍＝1800円に上昇することになります。

これが自社株買いにより株価が上昇するメカニズムです。

低ＰＢＲ銘柄の株価が上昇しない理由とは？

　109ページにて、ＰＢＲが１倍を割り込んでいる銘柄は割安である、とお話ししました。ところが株式市場をみると、日経平均株価が27年ぶりの高値となった2018年９月末時点においても、ＰＢＲが１倍を割り込んでいる銘柄が1421銘柄と、非常に多く存在することがわかります。
　つまり、割安なはずのＰＢＲ１倍割れとなっても、株が買われずに放置されているのです。

　この理由はいろいろ考えられますが、筆者が感じるのは、「ＰＢＲを判断基準として投資している投資家が著しく減少している」ということです。

　2013年中頃から顕著になったのが、売上や利益といった業績が伸び続けている銘柄、つまり「成長株」と、そうでない銘柄との株価の動きの違いです。成長株の株価は何年もの間上昇を続けているのに対し、割安株を含め成長株ではない銘柄の株価は上昇しない時期が多かったのです。

　もちろん、ＰＢＲが１倍を割れている銘柄は割安であることに違いはありませんから、今後低ＰＢＲ銘柄が注目されて株価が上昇する局面があるかもしれません。
　しかし、近年はＰＢＲが低い銘柄よりも成長株のほうが買われやすい環境にあることが多いのは確かです。

第4章

中長期で狙いたい成長株投資への挑戦

成長株ってどんな株？

　この章では、「成長株」の見つけ方や、成長株へ投資する際に注意するポイントなどをお話ししていきます。

　ところで、「成長株」とはどのような株のことをいうのでしょうか。「成長」という名のとおり、売上や利益が成長、つまり増加を続けている株を指します。
　さらに、過去に売上や利益が増え続けているだけでなく、今後も増え続ける見込みである必要があります。
　株価は過去の業績ではなく、将来の業績を織り込んで動きます。いくら過去が素晴らしい業績であっても、今後の業績が良くなければ株価は上昇しないのです。

　そこで、本書では、次のような条件を満たす株を「成長株」と定義します。

- 過去3年以上売上や利益が増加を続けている
- 当期以降も、売上や利益が増加をする見込みである

　こうした株は、会社四季報をみれば簡単に見つけることができます。

　図表❹-①をご覧ください。①のＰＡＬＴＡＣ（8283）のように、過去3年の実績、および当期以降の予想ともに売上・利益が増加していれば、成長株の条件を満たしています。

一方、②のフリークアウト・ホールディングス（6094）は、過去3年こそ増収増益ですが、2018年9月期は利益が減少する予想になっています。また、③のトリドールホールディングス（3397）は、2018年3月期の利益が2017年3月期より減少しています。したがって、②と③は成長株の条件を満たしません。

もちろん、②や③のような株の株価が絶対に上昇しないというわけではありません。しかし、3800社ある上場企業のうち、投資対象とする銘柄を見つける際には、ある程度のフィルターにかけなければ選びきれません。そこで、特に初心者、初級者は、より株価が上昇する可能性が高く、かつ見つけやすい①のような銘柄を優先し

図表❹-① 「成長株」はどれ？

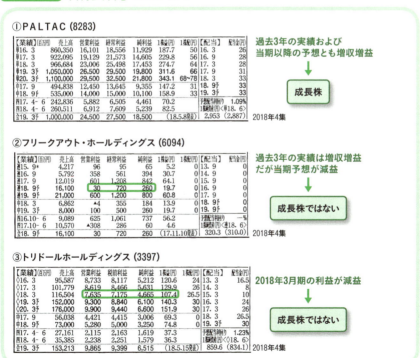

て探すのが良いでしょう。

なお、上記の定義から外れるものであっても、広い意味での成長株に該当するものがあります。それらについても本章にて取りあげます。

なぜ成長株の株価は大きく上昇するのか？

2012年11月からはじまったアベノミクス相場では、成長株の株価が軒並み大きく上昇しました。5倍、10倍は当たり前、中には20倍以上に株価が上昇したものもあります。

なぜ成長株の株価は大きく上昇するのでしょうか？ それは、企業価値の大幅な増加が見込めるからです。

割安株を探す際の判断基準は、主にPER、PBR、配当利回りといった株式指標でしたね。このときの企業価値というのは、次のように考えられます。

- PER：将来得られるであろう利益の合計
- PBR：現に企業が有している財産の額
- 配当利回り：投資資金により得られる配当金の利回りの高さ

では、成長株の企業価値はどのように算定されるかといえば、「将来得られるであろう利益の合計」です。これはPERを用いて割安株を探すときと同じです。

ただ、1つ違うのは、割安株の場合は**現時点での**予想1株当たり当期純利益を基準としたＰＥＲの高低で株価が割安かどうかを判定するのに対し、成長株の場合は**将来得られるであろう**利益を加味して企業価値が算定されるという点です。将来得られる利益が年々増加していくため、企業価値の増加スピードも速くなり、大きな株価上昇につながるのです。

なぜ成長株のＰＥＲは高いのか？

図表❹-②をご覧ください。割安株を探す場合は例えば次のようにＰＥＲの数値をみて判断します。

予想1株当たり当期純利益が100円の場合
- 株価が1000円なら、ＰＥＲが10倍なので割安
- 株価が6000円なら、ＰＥＲが60倍なので割高

一方、成長株を探す場合は次のような考え方になります。

予想1株当たり当期純利益が100円の場合
- 3年後には予想1株当たり当期純利益が200円になりそうだ
- 6年後には予想1株当たり当期純利益が400円になりそうだ
- 今の株価が6000円なら、今のＰＥＲは60倍だが10年後の当期純利益で考えたＰＥＲは15倍（6000÷400＝15）だから決して今の株価が割高とは言えない。

このように、割安株ではＰＥＲそのものの値に注目するものの、

図表❹-② 割安株と成長株で異なるPERの見方

[割安株を探すとき]
A社　当期純利益100円　株価1000円
B社　当期純利益100円　株価6000円

A社のPER10倍…「割安」
B社のPER60倍…「割高」

現時点での予想当期純利益が今後も続くという前提

[成長株を探すとき]
B社　当期純利益100円　株価6000円

PERは60倍だが…

3年後の当期純利益　200円
6年後の当期純利益　400円　）と予想

6年後の当期純利益で計算したPERは
6000円÷400円＝15倍

高い成長性を考えればB社の今の株価が割高とは言えない！

　成長株では将来の利益の増加を予想して株価が妥当であるかを判断します。
　そのため、現時点での予想1株当たり当期純利益を基準とした指標であるPERの数値は、おのずと高くなるのです。

　したがって、割安株を探すのと同じ見方、例えばPERが低い銘柄のみを見ていては、PERが高いことの多い成長株を見つけることはできません。

割安株の場合、PERなどの株価指標を重視して銘柄を探しますが、成長株の場合は売上、利益の伸びといった業績の成長性を重視して銘柄を探します。**基本的には、割安株と成長株を同じ手法で見つけようとするのは難しいと思ってください。**

　図表❹-③をご覧ください。エムスリー（2413）はアベノミクス相場で株価が大きく上昇した銘柄の１つです。
　業績の推移をみると、2012年3月期の当期純利益4493百万円

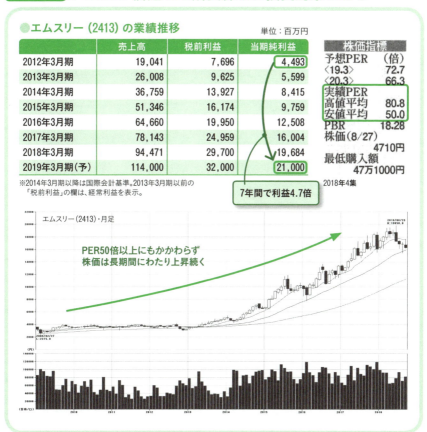

図表❹-③　PER50倍超でも成長株なら投資対象になる

に比べ2019年3月期の予想利益は21000百万円とわずか7年間の間におよそ4.7倍にまで増えています。それだけこの会社が利益を得る力が大きいことがわかります。

成長株が割高なのか割安なのか判定できる？

図表❹-③で挙げたエムスリー（2413）のPERは2018年10月5日現在73.5倍です。PERを用いて割安株を探していると、エムスリー株はまず投資候補にはあがらないでしょう。PERが高すぎるからです。

ところがエムスリーの株価は長期間右肩上がりの上昇を続けています。この間、PERが高い状態をずっと維持しています。会社四季報の2018年4集の実績PERをみると、過去3期の高値平均80.8倍、安値平均50.0倍です。エムスリーは少なくとも3年のあいだPER50倍の水準を割り込むことなく、株価が上昇し続けたのです。

PERで見る限り、成長株の株価はまず割高に映ります。でも、エムスリーは高PERが続いたまま、アベノミクス相場の6年間で株価が8倍近くまで上昇しました。ということは、エムスリーの50倍を超えるPERは、割高ではなかった、ということになります。

成長株は、5年後、10年後の業績がどうなるかをプロ投資家が予測したものがベースとなり株価が形成されています。
成長株へ投資するときは、PERはそれほど気にする必要はあり

ません。ＰＥＲの高さを気にしすぎると、成長株へ投資できなくなってしまいます。

確かにＰＥＲが50倍、70倍ともなると、ＰＥＲで割安株を探すのに慣れている個人投資家の方は、投資するのが怖くなってしまうかもしれません。

でも、ＰＥＲが高いのは、プロ投資家が「この企業は将来業績が伸びる！」と予想した結果、そこまで株価が買い上げられているという証拠でもあるのです。

後でお話しする業績の変化には気を配る必要がありますが、毎年増収増益を続けていて、かつ今後も増収増益の見込みである銘柄については、ＰＥＲにはあまりこだわらず、成長株として投資候補にあげていけばよいでしょう。

ＰＥＲが高いことによるリスクとその軽減法

先述のエムスリーをはじめ、ＰＥＲが高くても株価が大きく上昇するのが成長株の特徴です。

とはいえ、ＰＥＲが高いということはそれだけ将来への成長の期待も大きいということ。**成長が鈍化したり業績が悪化した場合、「高成長期待」というゲタを履いている分だけ、株価の下落も大きくなってしまいます。**

例えば図表❹-④のヨシムラ・フード・ホールディングス（2884）は高い成長期待から株価が大きく上昇、2年足らずで10倍になりました。高値でのＰＥＲは97.9倍に達していました。しかしその後は成長のスピードが鈍化したことから、株価が大きく下がり、高

値から1年足らずで70％以上も下落したのです。

　では、成長株でありつつも、業績悪化の際の株価下落をできるだけ小さく抑えるようにするにはどうすればよいでしょうか。

　毎年増収増益が続いている成長株も、銘柄によってＰＥＲは大きく異なります。同じ成長が鈍化するにしても、もともとＰＥＲが100倍近くに達している銘柄と、ＰＥＲが20倍前後の銘柄とでは、後者のほうが株価の下落が小さく収まる傾向にあります。

図表❹-④　ヨシムラ・フード・ホールディングス（2884）の業績推移と株価チャート

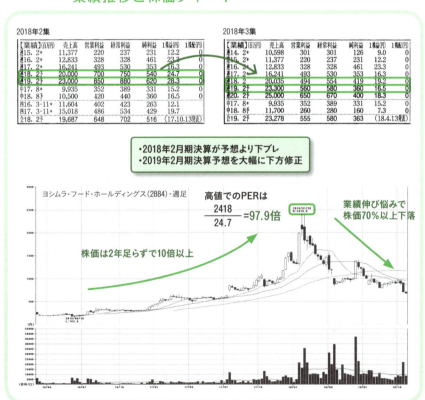

ただ一方で、ＰＥＲがそれほど高くない銘柄は、成長株といっても成長率が大きくないことが一般的です。そのため、株価が10倍、20倍と上昇することも少なくなります。
　同じ成長株でも、ＰＥＲが高い銘柄はハイリスク・ハイリターン、ＰＥＲが高くない銘柄はミドルリスク・ミドルリターンとなるのです。

　図表❹-⑤をご覧いただくと、イメージがつかみやすいと思います。Ａ社は投資家が期待している年間成長率が50％、そのためＰＥＲ100倍まで買われています。一方、Ｂ社は投資家が期待している年間成長率が15％であり、ＰＥＲは20倍です。

　一般に、成長率が高いほど、株価の上昇のスピードも速くなります。年間成長率が50％と見込まれている銘柄のほうが、15％と見込まれている銘柄に比べて将来得られる利益が大きくなり、短期間で企業価値が増大するからです。

　Ａ社、Ｂ社とも株価に波はあるものの、長期的に見ればＡ社は①の傾きに沿った株価、Ｂ社は②の傾きに沿った株価になるはずです。
　その状況で、Ａ社、Ｂ社とも業績が伸び悩み、成長率が10％へ鈍化することが見込まれると投資家が判断したとします。
　成長率が鈍化するわけですから、時間と株価の関係からみて、株価上昇の傾きが小さくなります。

　このとき、Ａ社はもともと超高成長の大きな傾き①から、小さな傾き③へ株価の調整が入ります。その結果、株価が天井をつけた後、大きく下落することになるのです。
　一方、Ｂ社はもともとそれほど高くは買われていませんでしたか

ら、②の傾きから③の傾きへ株価が下落したとしても、それほど大きなものにはならないのです。

多少のリスクは覚悟で大きな利益を望むなら成長率が高くＰＥＲも高い銘柄、あまり過大なリスクは負いたくないなら成長率がそこそこでＰＥＲも高くない銘柄を選ぶとよいでしょう。

このように、成長株の成長スピードが鈍化したり、成長が止まった場合は、その後の株価の大きな下落に十分注意が必要です。くれぐれも、株価が急落した銘柄を何も対処せずに持ち続けたりしないようにしましょう。すでに成長が鈍化した銘柄の株価が、再び高値を更新して上昇するのは非常に困難ですし、高値更新となるにしても非常に長い時間を要するからです。

図表❹-⑤ 期待成長率により株価の傾きが変わる

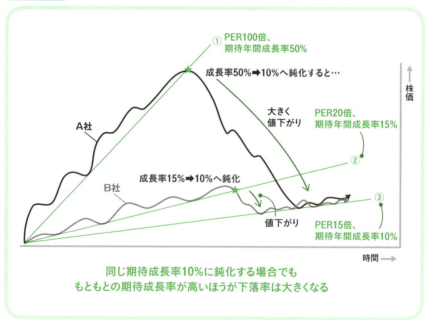

成長株を成長の初期段階で買うことの是非

本章の冒頭にて、成長株は「過去3年以上売上や利益が増加を続けている」かつ「来期以降も、売上や利益が増加をする見込みである」と定義づけました。

ただ、過去3年以上売上や利益が増加を続けている株は、すでに株価もかなり上昇してしまっていることが多いのも事実です。

例えば北の達人コーポレーション（2930）は、2018年2月期に業績が大きく伸び、株価も2017年から急騰、1年間でおよそ20倍になりました。

ただし、2018年2月期決算が絶好調であることが判明した後に投資しても、高値づかみとなってしまっています。2019年2月期以降も大幅な増収増益の予想にもかかわらずです。

もちろん、今後も増収増益が続けばさらに株価は上昇する可能性もありますが、できれば株価がまだ大きく上昇する前に安く買い、できるだけ大きな利益を狙いたいものです。

そこで、成長株になりそうな銘柄を、業績向上の初期段階で買うことについての注意点を考えてみたいと思います。

ポイントとしては、前々期に比べて前期の業績が改善していて、かつ当期の業績予想も増収増益予想である銘柄を見つけることです。
だいぶフライング気味ではありますが、前々期に比べて前期の業績が改善していなくても、前期の実績に比べ当期の業績予想が改善している銘柄を選んでも結構です。

新規公開して間もない銘柄の場合は、過去の業績データが短期間しかないことも多いので、この手法を使うケースもあると思います。

　図表❹-⑥をご覧ください。北の達人コーポレーションの場合、2017年3集の会社四季報をみると、2017年2月期の決算が2016年2月期に比べて増収増益となっていて、2018年2月期の予想も大幅な増収増益であることがわかります。
　まずはこの時点Ⓐで投資することが可能です。

　さらに、2017年1集の会社四季報では、2017年2月期の決算はまだ出ていませんが、前期より増収増益の予想、さらに2018年2月期も増収増益予想となっています。この時点であれば、かなり株価が安いタイミングⒷで投資することができます。
　ただ、この方法の場合、本当に業績が成長するかまだ不明な段階で「決め打ち」をして買うことになりますから、うまくいくケースばかりではありません。そのため、成長株ではなく、1～2年程度の一時的な業績向上で終わってしまう銘柄を買ってしまう恐れがあります。そうした株は業績向上がストップすれば、株価も大きく下落して元の水準に戻ってしまうケースも少なくありません。

　したがって、**買った後も業績にマイナスの変化がないか定期的にチェックするとともに、第5章でお話しする株価の売買のタイミングにも注意して、大きな損失を回避するようにしてください。**
　この方法では、買った後順調に売上や利益の増加が続けば、かなり安い水準で成長株を買うことができる一方、成長株とはならない株を買ってしまうリスクも高い点に注意しましょう。

図表❹-⑥ 北の達人コーポレーション（2930）の業績推移と株価チャート

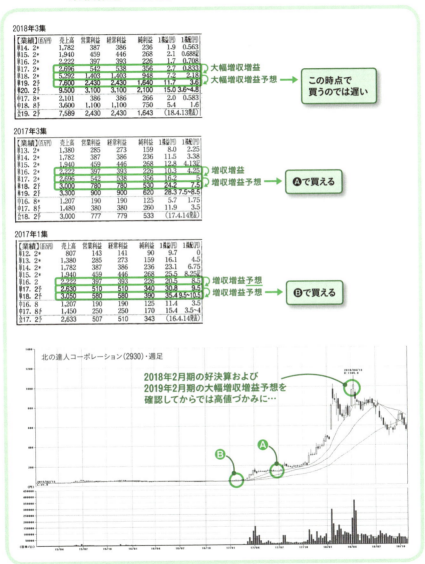

成長株選びのポイント

（1）ROEが高い銘柄を選ぶ

　成長株と一口に言っても、探してみるとかなり多数にのぼります。その中からさらに銘柄を絞るために注目したいのが「ROE」です。一般的に、ROEが高い銘柄のほうが、将来得られるであろう利益の額が大きくなるため、より株価が大きく上昇する傾向にあるからです。

　成長株の株価は、将来得られるであろう利益の額により形成されているということは161ページでお話ししました。そしてその額は、ROEに大きく左右されるのです。

　図表❹-⑦をご覧ください。A社、B社とも現在の利益は1000ですが、A社の純資産は20000、B社の純資産は5000です。こ

図表❹-⑦　ROEの水準により将来得られる利益は大きく異なる

	A社（ROE5%）		B社（ROE20%）	
	純資産	利益	純資産	利益
現在	20,000	1,000	5,000	1,000
1年後	21,000	1,050	6,000	1,200
2年後	22,050	1,103	7,200	1,440
3年後	23,153	1,158	8,660	1,732
4年後	24,311	1,216	10,392	2,078
5年後	25,527	1,276	12,470	2,494

5年後のB社の利益はA社の2倍近くに達している！

の場合、A社のROEは1000÷20000×100＝5％、B社のROEは1000÷5000×100＝20％です。

このROEの水準が今後も続くとすると、今後の利益予想は図表❹-⑦のようになります（各年の利益は、前年の純資産と利益の合計にROEを乗じたものとし、配当金など純資産の社外への流出はないものとします）。

図表❹-⑧ ROEが高い銘柄は株価の上昇も大きい

このように、ＲＯＥが高いＢ社の５年後の利益は、ＲＯＥが低いＡ社の２倍近くに達するのです。

将来得られるであろう利益が高い銘柄のほうが株価も当然大きく上昇しますので、Ａ社よりもＢ社の方がかなり株価が高くなることが予想できます。

図表❹-⑧をご覧ください。日本Ｍ＆Ａセンター（現：日本Ｍ＆Ａセンターホールディングス）（2127）の2018年３月期のＲＯＥは42.8％、ＪＡＣ Recruitment（2124）の2017年12月期のＲＯＥは34.9％と、いずれも高水準です。そして株価の推移を見ると、いずれも大きく上昇していることがわかると思います。

もちろん、ＲＯＥが高いだけで銘柄を選ぶのではなく、増収増益が続く成長株であり、かつＲＯＥが高い銘柄を選ぶというのがポイントとなります。

（２）大型株より小型株のほうが大きな上昇が期待できる

成長株の中にも、会社規模が大きなものと小さなものがあります。では、どちらのほうがより大きな上昇が期待できるかと言えば、会

図表❹-⑨　大型株・中型株・小型株とは？

	定義	特徴
大型株	時価総額5000億円超	東証１部の日経平均株価採用銘柄に多い すでにかなりの規模にまで成長をしているため株価は大きく上昇しにくい
中型株	時価総額1000億円～5000億円	東証１部に多い 成長がある程度進んだ途中にある 株価はそれなりに大きく上昇する
小型株	時価総額1000億円未満	マザーズ、ジャスダックに多い 上場してから日が浅く、成長の初期段階にある。 株価が10倍、20倍と上昇することも少なくない。

社規模が小さい小型株です。

　会社規模を判断する基準の1つとして、「時価総額」があります。時価総額は、会社四季報にも記載されています。筆者は、時価総額5000億円超の銘柄を大型株、1000億円〜5000億円の銘柄を中型株、1000億円未満の銘柄を小型株と位置付けています。

　大型株の場合、すでに長い期間をかけて企業の成長が続いています。時価総額が5000億円を超えるような企業は、売上も利益もかなり高い水準です。例えば時価総額5000億円、売上が1000億円、利益が100億円という企業の株価が10倍になるには、単純計算で売上が1兆円、利益が1000億円と、それぞれ10倍になる必要があります。
　もちろん、売上1000億円、利益100億円を10倍にすることは不可能ではありませんが、それができる企業は限られるでしょう。
　ですから、成長株であっても大型株の場合、株価がそこから大きく上昇するケースは少なくなります。

　一方、時価総額100億円、売上が10億円、利益1億円というまだ規模の小さい企業が売上や利益をそれぞれ10倍にすることは、よくある話です。売上高や利益が小さい企業のほうが、それを大きく増やしていくことは容易です。

　ただ、売上や利益の規模が小さい企業は、業績が不安定でもあります。増収増益を続けていたものの、突然成長がストップしてしまったり、大赤字に転落してしまうことも珍しくありません。そうなれば、株価もあっという間に5分の1、10分の1へと急落してしまいます。

リスクとリターンは表裏一体です。小型株のほうがより大きな株価上昇が期待できる反面、業績悪化などに伴う株価下落も激しくなります。また、普段の株価変動を見ても、大型株より小型株のほうが大きくなる傾向にあります。株価変動の大きさのことをボラティリティと呼びますが、ボラティリティが高いほど、売買のタイミングがつかみにくくなり、利益もあげにくくなります。

　自分自身のリスク許容度に応じて、大型株、中型株、小型株のどの成長株に投資するかを決めてください。

（3）成長株かつ割安株を探してみよう！

　成長株は将来にわたり利益が現在より増加することが期待されているため、現時点での利益をもとに計算されたＰＥＲは高くなります。50倍程度は珍しくなく、100倍を超える銘柄もあります。

　では、成長株は全て高ＰＥＲなのかといえば、実はそうではありません。成長株にもかかわらず、ＰＥＲが低い銘柄もあります。

　ただ、成長株なのにＰＥＲが低いということは、投資家がその銘柄に対し、将来大きな利益を上げることができないかもしれない、と考えている表れです。

　ＰＥＲが低い成長株には大きく分けて次の2種類があります。

❶期待される成長率が小さいため、ＰＥＲも低く収まっている

　例えば毎年の増益率が5％とか10％程度の成長株は、将来の利益の増加もそれほど大きくはならないので、おのずとＰＥＲも低く収まっています。124ページの図表❸-⑨では増益率10％なら、妥当ＰＥＲはおよそ16倍ですし、実際に15倍程度のＰＥＲになっている銘柄は数多くあります。

❷**現在の成長率は高いが、それが長くは続かないと投資家が考えている**

　例えば不動産関連株の中には毎年の増収増益率が20％、30％と高いものの、ＰＥＲが10倍そこそこ、というケースがよくあります。30％の増益が続いているのにＰＥＲが10倍であれば、成長株かつ割安株といえそうです。

　これは、今は不動産市況が好調だが、将来的に市況が落ち込めば、今のような利益の成長は見込みにくいと考える投資家が多いからと推測できます。

　❶のような銘柄は、成長率が低いことで低ＰＥＲになっているわけですから、実態としては割安株とまではいえないかもしれません。
　一方、❷のような銘柄は株価が上昇しないかと言えば、そんなことはありません。例えば図表❹-⑩の日本エスコン（8892）は、2018年12月期の予想利益で計算した2018年10月時点のＰＥＲが7倍台となっています。ＰＥＲだけを見れば十分に割安です。
　そして業績の推移を見ると、毎年増収増益であることがわかります。売上と利益が毎年伸びているにもかかわらずＰＥＲが低いという、まさに「成長株」かつ「割安株」の典型例です。

　日本エスコンの株価の推移を見ると、2012年末のアベノミクス相場開始から、株価は10倍以上に上昇していることがわかります。

　不動産関連株や商社株などは、増収増益であっても恒常的にＰＥＲが低くなっている場合が多いです。これはプロ投資家が将来の業績に懸念を抱いているため、積極的に買い上げてこないからです。
　でも、だからといって業績が絶対に伸び悩むとは限りません。現に日本エスコンは、毎期業績を大きく伸ばしてきました。だから低

図表❹-⑩ 日本エスコン(8892)の業績推移と株価チャート

●日本エスコン(8892)の業績推移　　　　　　　　　　　単位：百万円

	売上高	経常利益	当期純利益
2013年12月期	13,558	1,200	1,905
2014年12月期	18,842	2,075	2,411
2015年12月期	27,705	3,126	3,039
2016年12月期	34,347	3,575	3,936
2017年12月期	44,724	5,988	5,456
2018年12月期(予)	55,500	10,500	7,200

※2018年12月期の予想は会社四季報2018年4集の掲載値を使用

年々利益を伸ばしているが、この時点でもPERはまだ7倍だった

アベノミクス相場で株価10倍に

PERの状態が続いているとはいえ、株価が10倍以上に値上がりしたのです。

　もちろん、こうした銘柄が実際に業績が伸び悩んだり悪化した、もしくはそう予想されるならば、PERが低かろうが株価が大きく値下がりする恐れがあります。例えばシノケングループ(8909)は、PERが10倍以下で推移していたものの、毎年増収増益が続いていたため約6年の間に株価は10倍に達していました。しかし、同業他社の不祥事や銀行の不適切な不動産融資問題をきっかけに株価は急落、2カ月半で高値から60%も値下がりしてしまいました。

図表❹-⑪ 好業績でも株価の突然の下落には要注意

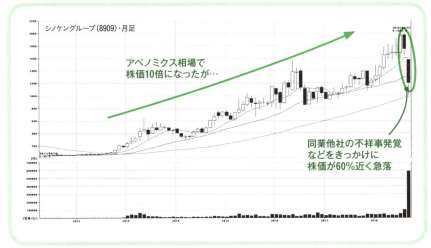

※シノケングループ（8909）はMBO成立により2022年12月に上場廃止となりました。

　どんなに増収増益が続いていたとしても、業績の変化や株価の動きには敏感に反応しておくべきでしょう。

四半期決算で業績の変化を素早く察知しよう

　成長株の業績は、会社四季報などで毎年の売上、利益の推移や来期の予想を見ることにより確認することができます。
　ただし、1年ごとの業績の推移をチェックするだけでは判断が遅くなることもあります。

　図表❹-⑫をご覧ください。
　ＲＩＺＡＰグループ（2928）は、主力事業の「ライザップ」のほか、積極的な買収戦略で業績を急拡大してきました。
　2018年4集の会社四季報の業績欄を見ても、過去3期増収増益、

かつ2019年3月期以降も大幅な増収増益予想でした。

しかし、業績欄をよくみると、あることに気がつくはずです。2019年3月期の第1四半期決算（2018年4月〜6月）で、前年同期と比べ、売上高こそ急増しているものの、利益は大幅な赤字となっているのです。

これについては、第1四半期決算短信では、積極的な出店や広告宣伝といった先行投資が赤字の理由であると説明されています。会社側は、第2四半期以降で年間業績予想の利益をあげることは十分可能、としていました。

一方、株価を見るとすでに2018年8月時点で高値から3分の1

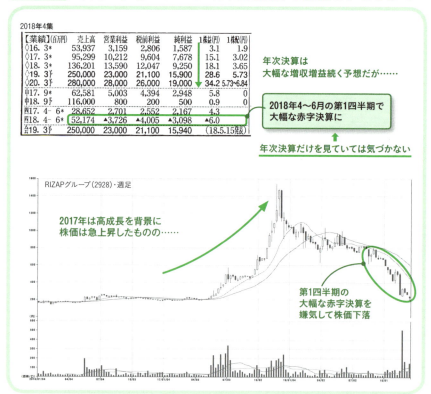

図表❹-⑫ 年間の予想だけでなく四半期決算の数値もチェック！

近くの水準まで下落しています。これは、多くの投資家が会社側の説明どおりにはいかず、年間業績予想が達成できないのではないか、と危惧しているためと考えられます。

　結局、2018年11月14日に会社側は2019年3月期の業績が大幅赤字に転落すると発表し、株価も248円まで下落。2017年11月につけた高値1545円からの下落率は84％にまで達してしまいました。

**　1年ごとの業績予想は順調そのもの、しかし株価は下落……このような場合は、「株価が値下がりして割安になった」と喜ぶのではなく、「何か株価が下落している理由があるはずだ」と考えるようにしましょう。**四半期決算の内容が良くないことが、株価下落の原因となる場合も多いので、四半期決算のチェックも怠らないようにしてください。

　また、次のようなケースもあります。
　図表❹-⑬の①をご覧ください。
　ラオックス（現：ラオックスホールディングス）（8202）は、2015年12月期の決算が大幅に増収増益となっています。ところが2015年12月期の決算発表があった2016年2月には、株価はすでに高値から大きく下落してしまっています。
　なぜこのような株価の動きになったのでしょうか。実は四半期決算の数値を見れば、その理由がわかります。

　2014年12月期と2015年12月期の四半期決算を比較したのが図表❹-⑬の②です。これを見ても、2014年12月期と比べて2015年12月期の業績は絶好調のように見えます。

図表❹-⑬ ラオックス（8202）の業績推移と株価チャート

①ラオックス（8202）年次決算

単位：百万円

	売上高	営業利益	経常利益	当期純利益
2011年12月期	10,066	▲1,283	▲1,259	▲1,718
2012年12月期	22,948	▲1,430	▲1,389	▲1,356
2013年12月期	33,150	▲1,664	▲1,656	▲3,245
2014年12月期	50,196	1,736	1,778	1,242
2015年12月期	92,693	8,586	8,637	8,079

2015年12月期は大幅な増収増益に

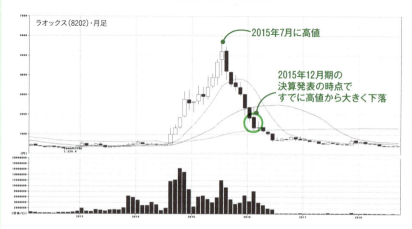

2015年7月に高値

2015年12月期の決算発表の時点ですでに高値から大きく下落

②ラオックス（8202）2014年度と2015年度 四半期決算の比較

単位：百万円

2014年度	売上高	営業利益	2015年度	売上高	営業利益
第1四半期	9,431	59	第1四半期	18,213	1,826
第2四半期	20,230	293	第2四半期	45,168	4,975
第3四半期	33,075	963	第3四半期	72,574	7,478
第4四半期	50,196	1,736	第4四半期	92,693	8,586

③ラオックス（8202）四半期ごとの業績

単位：百万円

	売上高	営業利益
2014年度第4四半期	17,121	773
2015年度第1四半期	18,213	1,826
2015年度第2四半期	26,955	3,149
2015年度第3四半期	27,406	2,503
2015年度第4四半期	20,119	1,108

2015年4〜6月が利益のピークだったことがわかる

※ラオックス（8202）は、2022年10月にラオックスホールディングスに社名変更しました。

そこで、この四半期決算の数値を少し加工して、3カ月ごとに区切って見てみることにしましょう。それが図表❹-⑬の③です。

四半期決算短信や決算短信には、期首から四半期末ないし期末までの累計の数字が掲載されています。そのため、第1四半期の3カ月間は、四半期決算短信の数値をそのまま使えばOKです。第2四半期の3カ月間の数値を導き出すには、第2四半期決算短信の数値から、第1四半期決算短信の数値を差し引く必要があります。同様に、第3四半期の3カ月間の売上や利益は、第3四半期決算短信の数値から第2四半期決算短信の数値を引けば求められます。

さて、四半期ごとの売上や利益を見ると、2015年12月期の第2四半期（2015年4〜6月）が利益のピークになっていることがわかります。そして株価を見ると、ちょうど2015年度の第2四半期が終わった後の2015年7月に高値を付けていることがわかります。

利益のピークアウトがわかれば、ラオックス株の成長も鈍化したと判断し、保有株を速やかに売却したり、新たな買いには慎重になったりすることができます。

しかし、年次決算では、2015年12月期は前期に比べて大幅な増収増益です。これだけを見ると、逆に株価が大きく下落したのを見て「お買い得」と勘違いしてしまいかねません。**年次決算だけでは、投資判断を誤る恐れがありますので十分に注意してください。**

月次売上高でタイムリーな業績の変化をチェックしよう

　最近は自社のホームページなどで月次売上高を開示する企業が増えてきました。これを活用すれば、四半期決算よりさらに早い段階で、企業の業績の変化を察知することができます。

　図表❹-⑭をご覧ください。シュッピン（3179）のホームページでは、月次情報として、毎月の初旬に前月の売上高や前年同期比などを開示しています。

　これを見ると、平成28年（2016年）6月～8月に、売上高が前年同期比でマイナスになるなど業績が低迷していましたが、9月以降は前年同期比でプラスになり、その後はプラスが増加傾向にあります。

　したがって、売上高の増加が明らかになった10月～12月ごろにシュッピン株を買っておけば、その後の株価上昇の恩恵を受けることができたのです。

　また、外食チェーン「塚田農場」を運営するエー・ピーカンパニー（現：エー・ピーホールディングス）（3175）も、ホームページに売上高などの前年同月比の数値を開示しています。

　外食産業の業績把握で重要なのは、「既存店売上」です。全店の売上は、新規出店を拡大すれば増加させることができます。しかし、既存店売上は、その業態自体の人気のバロメーターです。全店売上が伸びていても、既存店売上が前年比でプラスになっていなければ、ブームが去れば一気に業績が悪化してしまいます。

図表❹-⑭ シュッピン（3179） 月次売上高

●月次・対前年同月比推移　　　　　出所：シュッピンHP

	売上高	
【平成28年3月期】	金額	前年同月比
平成27年4月	1,602百万円	137.6%
5月	1,848百万円	143.9%
6月	1,899百万円	135.3%
7月	2,062百万円	135.3%
8月	1,815百万円	114.1%
9月	1,760百万円	110.1%
10月	1,775百万円	106.5%
11月	1,880百万円	109.6%
12月	2,378百万円	109.9%
平成28年1月	1,794百万円	103.8%
2月	1,773百万円	113.3%
3月	2,173百万円	120.6%
【平成29年3月期】		
平成28年4月	2,076百万円	129.6%
5月	1,969百万円	106.5%
6月	1,752百万円	92.2%
7月	1,840百万円	89.3%
8月	1,662百万円	91.6%
9月	1,896百万円	107.7%
10月	2,020百万円	113.8%
11月	2,114百万円	112.4%
12月	2,706百万円	113.8%
平成29年1月	2,288百万円	127.4%
2月	2,149百万円	121.2%
3月	2,595百万円	119.4%

売上高が前年割れ

↓

売上高が前年比でプラスに転じる

月次情報で売上高が前年比プラスに転じたことを確認して買い

その後も売上高前年比プラスが続き、株価も上昇

第4章　中長期で狙いたい成長株投資への挑戦

図表❹-⑮ エー・ピーカンパニー（現：エー・ピーホールディングス）(3175) 月次情報

●平成27年3月期外食
前年同月比（売上高・客数・客単価）、およびリピート率

出所：エー・ピーカンパニー（現：エー・ピーホールディングス）HP

		4月	5月	6月	7月	8月	9月	10月	11月	12月	1月	2月	3月
既存店	売上高前年比(%)	100.9	97.7	92.0	92.7	96.2	94.6	96.1	92.4	95.3	94.2	96.8	92.5
	客数前年比(%)	101.9	98.5	92.5	93.5	97.5	95.0	96.4	92.9	95.5	94.6	97.8	93.2
	客単価前年比(%)	98.7	98.9	99.0	98.7	98.4	99.2	99.1	98.8	99.4	99.4	99.0	99.4
	リピート率(%)	56.0	54.7	56.7	54.9	54.5	56.0	56.5	55.3	54.4	55.1	55.0	55.1
	対象店舗数	92	93	96	99	102	105	106	109	117	115	115	116
全店	売上高前年比(%)	139.3	132.2	121.6	119.4	124.9	120.7	121.2	113.5	117.2	116.5	112.7	111.8
	客数前年比(%)	140.2	132.3	122.2	120.8	126.5	120.9	121.7	114.2	117.2	116.7	113.8	112.3
	客単価前年比(%)	98.5	98.9	98.9	98.4	98.2	99.2	99.0	98.6	99.8	100.0	99.3	100.1
	リピート率(%)	50.9	49.7	51.4	51.3	50.6	52.7	53.5	51.6	50.0	51.2	52.4	52.1
	前年店舗数(店)	96	99	103	106	109	110	112	121	123	123	125	128
	当年店舗数(店)	128	131	133	133	134	135	138	146	148	147	147	148

全店ベースでは前年比プラスのため、業績だけを見ると好調に見える

平成26年（2014年）5月以降、既存店売上は恒常的に前年割れ

2014年時点では株価はまだ高値圏をキープ

その後株価は大きく下落

月足

そこで図表❹-⑮のエー・ピーカンパニー（現：エー・ピーホールディングス）の平成27年（2015年）3月期の月次情報をみてみましょう。すると、平成26年（2014年）5月以降、既存店売上高が恒常的に前年割れとなっていることがわかります。

ところが株価をみると、この悪材料に株価はそれほど反応せず、

高値圏をキープしていました。確かに既存店売上高は前年割れですが、全店売上高は前年比プラスのため、業績を見ると図表❹-⑯のように増収増益で絶好調のように見えます。

図表❹-⑯ 一見、業績好調のように見えるが…

●エー・ピーカンパニー（現：エー・ピーホールディングス）(3175) の
業績推移　　　　　　　　　　　　　　　　　　　　　　単位：百万円

	売上高	経常利益	当期純利益
2012年3月期	8,320	462	218
2013年3月期	11,387	784	430
2014年3月期	15,793	1,243	675
2015年3月期	19,235	1,493	906

でもここで、既存店売上高が恒常的に前年割れであることを重く見て、保有株があればそれを売却したり、新規買いを控えるという判断ができれば、その後の株価下落に巻き込まれずに済みました。

外食産業への投資は、単に会社四季報や決算短信などで業績の数字を見るだけではなく、既存店売上高を重点的に確認することが必要です。

なお、前記2つの事例を見てもわかるとおり、月次売上高の情報が株価に即座に反映されないことも多々あります。

例えば月次売上高が好調であれば、その後発表される四半期決算の数値も予想以上のものになったり、通期の業績予想が上方修正されるという期待も持てます。そうなれば株価の大きな上昇も期待できます。月次売上高を上手に活用し、決算発表を先回りするというのも戦略の1つになります。

ROEとROAの併用で「レバレッジ経営」の有無を見極めよう

　ROEと似た指標に「ROA」というものがあります。日本語では**「総資産利益率」**と呼ばれ、「アールオーエー」とか「ロア」とも呼ばれるものです（ROAについては210ページも参照してください）。

　ROA（％）は、**「当期純利益÷総資産×100」**で求めることができます。

　実は、高成長企業の中にはかなりハイリスクな経営をしているところもあります。それが「レバレッジ経営」といわれるものです。

　レバレッジ経営とは、金融機関などから多額の借り入れを行い、積極的な事業展開により多額の利益を獲得しようとする経営戦略のことです。

　もし、自己資金が1000億円であれば、企業経営に使えるお金は1000億円です。でも、金融機関から5000億円を借り入れれば、合計6000億円が使えることになります。

　6000億円あれば、1000億円しか使えない企業に比べ、設備投資や企業買収などが機動的に行えます。それによりさらなる利益を狙っているのです。

　このレバレッジ経営、借入金の返済や利息の支払いに困らないほどの利益を上げていれば特に問題ありません。しかし、事業が失敗するなどして利益が小さくなったり赤字になった場合、借入金の返済や利払いが困難になり、最悪の場合倒産してしまう恐れもあります。

レバレッジ経営をしているかどうかを判断するために有効なのが、「ROE」と「ROA」の差を見ることです。

極端なレバレッジ経営をしていなければ、ROEとROAにそれほど大きな違いはありません。せいぜい2～3倍程度です。

図表❹-⑰をご覧ください。例えば有利子負債ゼロ、堅実経営で知られる任天堂（7974）の2018年3月時点のROEは10.9％、ROAは8.5％ですから、両者に大きな差はありません。また、日本電信電話（9432）は有利子負債が2018年6月時点で4兆円を超えていますが、ROEは9.8％、ROAは4.2％と両者の差は約2.3倍に収まっています。

一方、企業買収を続け積極経営で急成長が続いていたRIZAPグループ（2928）は、2018年3月時点でROEが40.7％に対しROAが5.3％、両者の差は8倍近くに達していました。

ソフトバンクグループ（9984）も17兆円以上の有利子負債を抱えるレバレッジ経営で有名ですが、やはり2018年3月時点でROE 23.7％に対しROA 3.3％と、両者の差は約7倍あります。

レバレッジ経営をしている会社は、ROEが高い傾向があります。リスクを取って積極的に借り入れをし、より大きな利益を狙いにいっているのがその背景にあります。

図表❹-⑰ レバレッジ経営をしていない企業としている企業のROEとROA

		ROE	ROA
レバレッジ経営をしていない	任天堂（7974）	10.9%	8.5%
	日本電信電話（9432）	9.8%	4.2%
レバレッジ経営をしている	RIZAPグループ（2928）	40.7%	5.3%
	ソフトバンクグループ（9984）	23.7%	3.3%

（いずれも2018年3月時点）

事業が今後も順調に推移すれば株価の上昇も大いに期待できる反面、事業に失敗したときは最悪倒産のリスクもある、というハイリスク・ハイリターンな経営手法がレバレッジ経営なのです。

実際181ページでも記したとおり、RIZAPグループは2019年3月期の業績予想を当初予想の大幅増収増益から一転して大幅赤字転落と発表、株価も1年間で84%も下落してしまいました。

あまり株式投資で過大なリスクを取りたくない、という方はレバレッジ経営をしている企業への投資は控えておくのも1つです。

赤字続きであるものの、成長期待が高い会社の扱いは？

上場会社の中には、将来的に大きな成長が期待できるものの、足元ではまだ赤字が続いている、という銘柄もあります。

このような銘柄の行く末は、大きく分けると2つです。期待通り大きな成長を成し遂げ、株価も大きく上昇するケースと、期待に反して業績が伸びず、株価も低迷するケースです。

アメリカ株でも、2000年前後のITバブル時のアマゾン・ドット・コムは赤字続きでした。しかし現在は多額の利益を上げ、世界的な有名企業のメンバーに名を連ねています。しかしその裏で、ITバブルで株価上昇したものの、バブル崩壊後業績が伸びず倒産した会社も少なくありません。

毎年しっかりと利益を計上している会社であれば、今後も同じように利益を計上できる可能性が高い、とおおよその予想を立てるこ

図表❹-⑱ CYBERDYNE、メルカリの業績推移と株価チャート

●CYBERDYNE（7779）の業績推移

単位：百万円

	売上高	税前利益	当期純利益
2015年3月期	631	▲907	▲915
2016年3月期	1,264	▲710	▲718
2017年3月期	1,649	▲782	▲789
2018年3月期	1,726	▲688	▲591
2019年3月期（予）	2,000	▲600	▲500

※2019年3月期予想は会社四季報2018年4集の掲載値を使用。

●メルカリ（4385）の業績推移

単位：百万円

	売上高	経常利益	当期純利益
2016年6月期	12,256	▲97	▲348
2017年6月期	22,071	▲2,779	▲4,207
2018年6月期	35,765	▲4,741	▲7,041
2019年6月期（予）	60,000	▲2,000	▲4,500
2020年6月期（予）	85,000	▲1,000	▲4,000

※2019年6月期および2020年6月期の予想は会社四季報2018年4集の掲載値を使用。

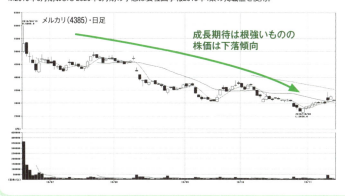

とはできます。

　しかし、足元で赤字が続いている場合、個人投資家が将来の業績を見通すことは困難です。

　さらに、赤字ですからＰＥＲの計算もできません。現在ついている株価が妥当なのか、割安なのか、それとも割高なのかを判定すること自体ができないのです。

　図表❹-⑱をご覧ください。例えば、ＣＹＢＥＲＤＹＮＥ（7779）は、赤字続きながらも将来の業績の大きな伸びが期待され、株価は上昇傾向にありました。しかし最近では成長期待が薄れたのか、株価は下落を続けています。

　メルカリ（4385）も、将来の高成長を期待されつつも、業績は当面赤字が続く予想となっています。上場後の株価は伸び悩んでいますが、株価が今後どのようになるかを予想するのは極めて困難です。

　このように、赤字続きの銘柄は、将来の業績に対する期待感の強弱により、株価が大きく変動するという特徴があります。個人投資家がこうした企業の業績を予測するのが難しいなら、株価のトレンドに応じて売買をするのが無難です。

　もし業績改善の見込みが薄くなれば、プロ投資家が保有株を売却するなどして下降トレンドに転じるでしょうから我々個人投資家も手を出さなければよいでしょう。

　一方、いよいよ黒字転換し業績急上昇、という兆しが見えれば、プロ投資家が積極的に株を買いあげ、株価も上昇トレンドになるはずです。私たちもそれについていけばよいのです。

本当の意味での「成長株」を選択する方法

　本章の冒頭で、過去3年以上売上や利益が増加を続けており、当期以降も、売上や利益が増加をする見込みである銘柄を成長株と定義づけました。
　会社四季報などで探していけば、この条件を満たす銘柄を数多く見つけることができるはずです。

　ただし、この条件だけでは、本当の意味での「成長株」ではないものも紛れ込んでしまう可能性があります。

　上場企業のなかには、国内外の景気や資源価格、為替レート、金利など外的要因の変化にかかわらず業績を順調に伸ばすことができる企業があります。通常、成長株といえばそうした企業のことを指します。

　一方、外的要因の変化に伴い大きく業績が変動してしまう銘柄もあります。外的要因がたまたまその銘柄にとってプラスに作用すれば、売上、利益とも順調に増加します。しかし一たび外的要因にマイナスの影響が生じた場合、業績も一気に悪化してしまいます。
　2012年終わりから続いているアベノミクス相場では、この外的要因がプラスに作用している銘柄が多いため、本来は成長株のカテゴリーに入らないものまでもが3年以上の増収増益になっているのです。

　外的要因により業績が大きく変動してしまう銘柄は、たとえ3

年以上連続で増収増益になっていたとしても、成長株のカテゴリーから外したほうが無難です。

　例えば、建設株、自動車株、鉄鋼株、商社株、証券株、銀行株などが挙げられます。これらの銘柄は、外的要因に業績が大きく影響を受け、企業の自助努力のみで業績を毎年伸ばし続けることは困難だからです。

図表❹-⑲　キョウデン（6881）の業績推移と株価チャート

●キョウデン（6881）の業績推移　　　　　　　　　　　　　　　　単位：百万円

	売上高	経常利益	当期純利益
2008年3月期	112,736	1,989	▲279
2009年3月期	37,722	▲1,228	▲3,040
2010年3月期	33,564	▲620	▲1,611
2011年3月期	38,970	1,137	1,413
2012年3月期	38,679	1,919	814
2013年3月期	38,330	807	15
2014年3月期	41,258	980	438
2015年3月期	45,375	1,050	227
2016年3月期	51,144	1,332	259
2017年3月期	53,862	1,896	1,467
2018年3月期	56,560	3,179	2,307
2019年3月期（予）	57,000	4,100	2,750

※2019年3月期予想は会社四季報2018年4集の掲載値を使用。

※キョウデン株はTOBにより2023年10月に上場廃止となりました。

図表❹-⑲のキョウデン（6881）の業績をご覧ください。2018年4集の会社四季報を見る限り、2016年3月期以降増収増益が続き、当期以降も増収増益が予想されています。

　しかし、株価チャートを見ると、成長株のように右肩上がりにはなっておらず、激しく上昇や下落を繰り返していることがわかります。これは、業績が大きく変動している表れです。

　2008年10月にはなんと75円まで株価が下落していますし、例えば2005年の株価1000円超えのときに買って10年以上保有を続けていても、まだ買値に届かない状況なのです。

　2018年4集の会社四季報に載っている期間である2016年3月期からさらにさかのぼってみると、利益に凸凹があり、この銘柄が増収増益の続く成長株ではないことがわかります。

　成長株ではなくても、業績が伸びている間は株価も大きく上昇します。ただ、景気など外的要因のマイナスの影響を受け業績が悪化すれば、当然ながら株価は下落してしまいます。そのため、増収増益が何年も期待できる成長株と異なり長期間保有することを前提とした投資には不向きです。業績悪化を確認した時点で、速やかに売却するのが正しい選択です。

ＩＰＯ株への投資に対する考え方

　ＩＰＯ株（新規公開株）は、投資家からの高い成長期待に支えられて上場してきます。したがって、将来成長株となりうる筆頭候補といえます。

　しかし、ＩＰＯ株の中には上場した後に業績が伸び悩むものも多

く、株価も上場直後を高値に大きく値下がりしてしまうケースが目立ちます。

　図表❹－⑳のグローバルウェイ（3936）は、上場直後に発表した2016年3月期の決算こそ順調な業績でしたが、2017年3月期以降は赤字決算となりました。株価も上場直後に20390円の高値を付けた後は一貫して下落し、2年間でおよそ9分の1まで値下がりしてしまったのです。

　くれぐれも「ＩＰＯ株＝高成長」と決めつけて、高値で株を買ってしまうことのないようにしましょう。そして「高成長だから持ち続けていれば株価は上昇する」と値下がりした株を持ち続けないよ

図表❹-⑳ グローバルウェイ（3936）の業績推移と株価チャート

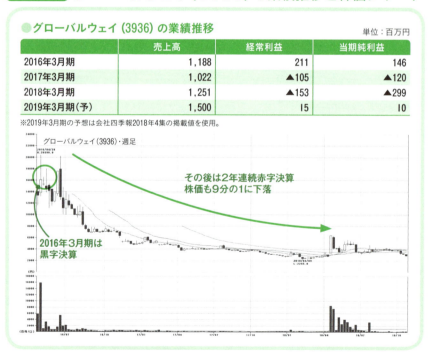

●グローバルウェイ（3936）の業績推移　　　　　　　　　　単位：百万円

	売上高	経常利益	当期純利益
2016年3月期	1,188	211	146
2017年3月期	1,022	▲105	▲120
2018年3月期	1,251	▲153	▲299
2019年3月期(予)	1,500	15	10

※2019年3月期の予想は会社四季報2018年4集の掲載値を使用。

2016年3月期は黒字決算

その後は2年連続赤字決算株価も9分の1に下落

うに気を付けてください。

　上場直後のＩＰＯ株は玉石混交です。会社四季報に掲載されている業績予想のとおりに売上や利益が伸びないこともかなり多いです。
　会社四季報などの業績予想データを参考にしつつも、実際の売買は第５章で説明している株価のトレンドに従うようにするのが無難です。

利益だけ伸びて売上が伸びない株はどうする？

　売上や利益が毎年増加を続けるというのが成長株の基本的な定義です。しかし、中には売上があまり伸びない一方で利益だけが伸びているという銘柄もあります。

　成長株の株価が大きく上昇する理由は、将来利益を得ることができると投資家が感じて株を買っているからです。
　したがって、売上がそれほど伸びなくても利益が伸びていればよいのではないか？　と考える方もいらっしゃるかもしれません。

　しかし、売上が伸びずに利益のみが伸びている株は成長株としてバランスを欠きます。
　売上というのは利益を得るための源泉です。売上が増えなければ利益も増えていきません。
　リストラやコストカットを徹底すれば、赤字だった業績が黒字に転換したり、ある程度の利益を確保することはできるでしょう。しかしそれにも自ずと限界があります。

図表❹-㉑をご覧ください。コナカ（7494）は売上がほとんど伸びない中、コスト削減などが功を奏し、一時的に利益を大きく伸ばしました。その間、株価もそれなりに上昇しました。しかしそれも長くは続かず、結局は利益も伸び悩んでしまいました。当然、その影響は株価にも表れ、右肩上がりの株価上昇とは程遠い状況となってしまっています。

利益だけでなく、売上も順調に増加している銘柄を、成長株として選ぶようにしてください。

図表❹-㉑ コナカ（7494）の業績推移と株価チャート

売上だけ伸びて
利益が伸びない株はどうする？

　逆に、売上だけ伸びて利益がなかなか伸びない株もあります。例えば成長の初期段階にある企業は、先行投資が膨らみ利益は伸びない一方で、売上は年々順調に増え続けます。
　しかしそうではなく、強力なライバルの出現やビジネスモデルの陳腐化などにより、売上こそ伸びているものの以前ほど利益があがらなくなった、という可能性もあります。

　現時点で利益が伸び悩んでいても将来の成長が期待できるようであれば、株価も上昇トレンドになる可能性が高いです。一方、将来の成長が難しそうと判断されれば、株価も下落基調になるはずです。

　売上が伸びて利益が伸びない理由を見極めるためには、例えば決算短信の「経営成績等の概況」や会社四季報の記事欄を読んで、先行投資により利益が小さくなっているのか、そもそもその会社が行っている事業が儲からなくなっているのかを知る必要があります。

　先行投資により利益が伸びていないものの売上は順調に伸びている企業については、将来先行投資が実を結べば利益が大きく増加する可能性がありますから、成長株の候補として選定すればよいでしょう。
　ただし、先行投資が実を結ばずに終わってしまう可能性もあります。株価が値下がりを続けているようであれば、安易に買い向かうのは避けたほうが無難です。

図表❹-㉒をご覧ください。93ページでも取り上げましたが、ＺＯＺＯ（3092）は、2019年3月期の第1四半期で、売上高は前年同期に比べ大きく増加したものの、利益が大幅に減少しました。決算短信では、広告宣伝などの初期投資が先行したためと説明されているものの、株価は下落を続けています。

このようなとき、私たち個人投資家は、これが一時的な株価調整にすぎないのか、それともこの先も株価が下落を続けるのかを正確

図表❹-㉒ 先行投資で利益が上がらない株の業績推移と株価チャート

●ＺＯＺＯ（3092）の業績推移は悪くないが…

単位：百万円

	売上高	経常利益	当期純利益
2016年3月期	54,422	17,883	11,988
2017年3月期	76,393	26,442	17,035
2018年3月期	98,432	32,740	20,156
2019年3月期（予）	142,000	38,800	27,300

※2019年3月期の予想は会社四季報2018年4集の掲載値を使用。

●ＺＯＺＯ（3092）の2018年3月期と2019年3月期の第1四半期（4-6月）決算の数値

単位：百万円

	売上高	経常利益	四半期純利益
2018年3月期第1四半期	21,451	7,999	5,532
2019年3月期第1四半期	26,552	5,859	4,163

利益が減少

増収増益の業績を受け株価は長期間上昇

2019年3月期第1四半期決算での減益を嫌気した動き？

に予測することができません。**会社の説明をうのみにして、株価が下げ続ける中を買うのではなく、株価が下げ止まるまで安易に手を出さないなどの対処が必要です。**

成長株なのに株価が上昇しない……。どうしたらいい？

　毎年増収増益が続く成長株であれば、長期的に見て株価は上昇するはずです。ところが、成長株にもかかわらず株価が上昇しなかったり、逆に下落するようなケースもあります。

　理由として考えられるのは主に２つあります。
❶将来の成長鈍化や業績悪化を投資家が予測している
❷すでに高成長を株価が織り込んでしまい、業績に比べ割高な株価水準にある

　❶は、確かに足元では増収増益が続いているものの、将来それがストップしてしまう可能性が高いと投資家が予想しているため、買いの手が積極的に入らないものです。
　❷は、新規公開から間もない銘柄によく見受けられます。確かに増収増益は続いているものの、新規公開時についた株価が高すぎたため、適正な株価水準に落ち着くまで株価の下落が続く、というものです。

　例えば図表❹-㉓のユニゾホールディングス（3258）は、毎年売上高や経常利益が増加していてＰＥＲも１桁台と非常に低いにもかかわらず、３年間で株価が３分の１以下にまで下落してしまい

図表❹-㉓ 増収増益でも株価が下落する

●ユニゾホールディングス (3258) 業績推移

単位：百万円

	売上高	経常利益	当期純利益
2016年3月期	32,385	8,500	6,593
2017年3月期	38,906	9,823	6,249
2018年3月期	52,462	11,500	8,488
2019年3月期(予)	60,800	12,300	9,500

※2019年3月期の予想は会社四季報2018年4集の掲載値を使用。

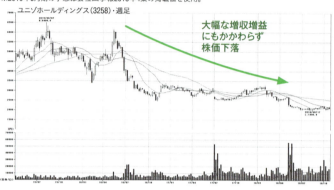

大幅な増収増益にもかかわらず株価下落

●ユーザーローカル (3984) 業績推移

単位：百万円

	売上高	経常利益	当期純利益
2015年6月期	520	215	135
2016年6月期	783	327	201
2017年6月期	966	377	260
2018年6月期	1,099	467	301
2019年6月期(予)	1,250	500	330

※2019年6月期の予想は会社四季報2018年4集の掲載値を使用。

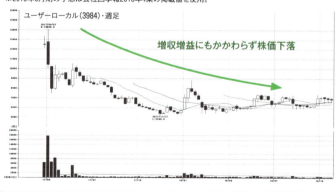

増収増益にもかかわらず株価下落

※ユニゾホールディングス株はEBOにより2020年6月に上場廃止となりました。

ました。

　また、ユーザーローカル（3984）は、毎年増収増益が続いているものの、上場直後の高値から株価は一時3分の1近くまで下落しました。
　増収増益が続いているからという理由だけで飛びついて買うのではなく、株価のトレンドも考慮した上で売買することが重要です。

個人投資家とプロ投資家では目の付けどころが違う？

　本書では、個人投資家が成長株を見つけるには、会社四季報を見て過去3年間毎年増収増益が続き、当期の予想も増収増益になっている銘柄を選ぶのがよい、としています。

　なぜなら、この方法で見つけた株が必ず上昇するとは限らないものの、個人投資家自身で比較的簡単に実行することができる方法だからです。

　プロ投資家は会社四季報の数字を見て銘柄選びや投資判断をしてはいません。彼らは独自の情報や分析ルートを持っています。それらを駆使し、各企業が将来どのくらいの業績をあげそうかを予想します。その独自予想をもとに、どの銘柄を買うか決めているのです。

　会社四季報の業績予想が明らかな増収増益であるにもかかわらず株価が上昇しないのは、プロ投資家が会社四季報とは異なる業績になると分析していたり、3年後、5年後は業績が伸び悩むと判断しているからと考えられます。

　もちろん、会社四季報の増収増益の業績予想に素直に反応し、株価が上昇するケースも多々あります。それはプロ投資家も独自分析の結果、同様の判断を下したからです。

　個人投資家として気をつけておきたいのは、会社四季報の予想は必ずしも当たるわけではなく、プロ投資家は独自の予想を行って投資判断をしていること、そして会社四季報の予想が良いとしても株価が下落を続けている最中に安易に買ったりしないことです。

成長企業の探し方
高成長と収益力の高さがポイント！

　では最後に、増収増益を続ける企業の強みがどこにあるのかを知るために、もう少し掘り下げた分析を行ってみたいと思います。
　今回取り上げるのは、ニトリホールディングス（以下「ニトリ」）(9843)です。

　株価は長期的には企業の業績に連動して動くもの。それなら、**長期間にわたり成長を続ける企業を、株価がまだ大きく上昇する前の段階から探し出して投資する**ことが、株式投資で成功するための1つの道であると言えます。
　もちろん会社四季報を見てもある程度のことはわかりますが、具体的にどのような点に気を付けて観察していくべきなのか、実際の数値を見ながら考えていきましょう。

　図表❹-㉔の主要な経営指標等の推移を見てください。目を引くのは、**20年近くもの間、売上高、経常利益、当期純利益が年々増加**している点です。
　それ以外にも、**営業活動によるキャッシュ・フローが毎年プラス**であることから、本業でしっかりとキャッシュを獲得できていることがわかります。一方、**投資活動によるキャッシュ・フローは毎年マイナスであり、積極的な投資によってさらなる企業成長を目指している**ことも読み取れます。
　そしてもう1つ注目すべき箇所があります。それは、自己資本利益率（ROE）です。特に平成14年2月期（第30期）以降はROEが10％を大きく超えており、多くの年では15％も超えている

図表❹-㉔ ニトリホールディングス（9843）　主要な経営指標等の推移

		第29期	第30期	第31期
		平成13年2月	平成14年2月	平成15年2月
売上高	（百万円）	63,258	78,752	88,259
経常利益	（百万円）	3,821	7,183	8,971
当期純利益	（百万円）	1,973	3,494	5,127
純資産額	（百万円）	25,704	29,127	38,453
総資産額	（百万円）	55,653	58,519	65,351
1株当たり純資産額	（円）	1,216.49	1,374.82	1,725.87
1株当たり当期純利益	（円）	94.06	165.06	238.05
潜在株式調整後1株当たり当期純利益	（円）	93.35	164.54	234.72
自己資本比率	（％）	46.2	49.8	58.9
自己資本利益率（ROE）	（％）	7.7	12.7	15.2
株価収益率	（倍）	20.20	15.15	19.24
営業キャッシュ・フロー	（百万円）	3,367	6,218	2,132
投資キャッシュ・フロー	（百万円）	△9,503	△1,922	△6,250
財務キャッシュ・フロー	（百万円）	6,260	△3,216	3,874
現金及び現金同等物の期末残高	（百万円）	1,985	3,083	2,823
ROA（当期純利益／総資産）		3.5％	6.0％	7.8％
総資産回転率（売上高／総資産）		1.1回	1.3回	1.4回
売上高利益率（当期純利益／売上高）		3.1％	4.4％	5.8％

出典：ニトリホールディングス有価証券報告書
（ただしROA、総資産回転率、売上高利益率は有価証券報告書の数値から筆者が計算）

売上高、経常利益、
当期純利益が年々増加

| 第32期 | 第33期 | 第34期 | 第35期 | 第36期 | 第37期 |
平成16年2月	平成17年2月	平成18年2月	平成19年2月	平成20年2月	平成21年2月
108,777	129,446	156,758	189,126	217,229	244,053
13,036	15,266	19,034	23,101	26,568	33,969
7,779	8,702	10,914	13,434	15,464	18,353
51,964	60,370	71,178	84,434	98,958	114,378
87,794	109,565	136,856	156,220	179,614	196,607
2,214.03	2,136.73	2,514.57	1,488.75	1,741.74	1,999.59
345.81	308.28	385.75	237.16	272.40	321.39
343.17	306.57	383.56	235.79	271.08	-
59.2	55.1	52.0	54.0	55.1	58.2
17.2	15.5	16.6	17.3	16.9	17.2
18.30	20.40	27.06	24.37	18.25	15.87
11,233	9,635	13,363	18,692	19,114	25,189
△19,403	△17,946	△21,034	△21,569	△21,096	△20,656
9,567	7,553	10,250	4,067	2,403	△2,602
4,191	3,421	6,373	7,657	8,381	10,318
8.9%	7.9%	8.0%	8.6%	8.6%	9.3%
1.2回	1.2回	1.1回	1.2回	1.2回	1.2回
7.2%	6.7%	7.0%	7.1%	7.1%	7.5%

第31期以降は
ROEが15%超

第4章 中長期で狙いたい成長株投資への挑戦

図表❹-㉔ ニトリホールディングス(9843) 主要な経営指標等の推移

		第38期	第39期	第40期
		平成22年2月	平成23年2月	平成24年2月
売上高 (百万円)		286,186	314,291	331,016
経常利益 (百万円)		47,430	53,594	59,151
当期純利益 (百万円)		23,838	30,822	33,548
純資産額 (百万円)		134,164	146,038	174,949
総資産額 (百万円)		218,386	246,187	267,153
1株当たり純資産額 (円)		2,356.67	2,658.68	3,183.28
1株当たり当期純利益 (円)		417.04	548.89	611.91
潜在株式調整後1株当たり当期純利益 (円)		416.78	548.26	611.20
自己資本比率 (％)		61.4	59.2	65.3
自己資本利益率(ROE) (％)		19.2	22.0	20.9
株価収益率 (倍)		16.57	13.59	11.19
営業キャッシュ・フロー (百万円)		42,757	34,653	43,908
投資キャッシュ・フロー (百万円)		△27,444	△26,684	△22,925
財務キャッシュ・フロー (百万円)		△15,511	△3,577	△16,099
現金及び現金同等物の期末残高 (百万円)		9,968	14,035	18,410
ROA (当期純利益 / 総資産)		10.9％	12.5％	12.6％
総資産回転率 (売上高 / 総資産)		1.3回	1.3回	1.2回
売上高利益率 (当期純利益 / 売上高)		8.3％	9.8％	10.1％

出典:ニトリホールディングス有価証券報告書
(ただしROA、総資産回転率、売上高利益率は有価証券報告書の数値から筆者が計算)

> 売上高、経常利益、当期純利益が年々増加

第41期	第42期	第43期	第44期	第45期	第46期
平成25年2月	平成26年2月	平成27年2月	平成28年2月	平成29年2月	平成30年2月
348,789	387,605	417,285	458,140	512,958	572,600
62,195	63,474	67,929	75,007	87,563	94,860
35,811	38,425	41,450	46,969	59,999	64,219
209,764	247,898	310,531	330,968	394,778	441,668
284,290	321,703	404,793	414,541	487,814	550,507
1,906.91	2,248.80	2,806.99	2,981.27	3,530.51	3,938.89
325.83	350.27	376.14	425.10	540.93	574.49
325.58	349.74	374.73	421.40	536.23	571.63
73.6	76.8	76.4	79.5	80.7	80.1
18.7	16.8	14.9	14.7	16.6	15.4
10.57	13.33	20.21	19.43	22.65	30.68
41,989	46,154	52,923	57,343	77,930	76,840
△21,937	△32,376	△43,023	△35,899	△42,047	△82,751
△22,047	△10,540	△6,654	△9,943	△6,414	655
16,816	21,179	25,713	36,794	66,035	60,923
12.6%	11.9%	10.2%	11.3%	12.3%	11.7%
1.2回	1.2回	1.0回	1.1回	1.1回	1.0回
10.3%	9.9%	9.9%	10.3%	11.7%	11.2%

> 近年はROAも10%超え

> ROEはほぼ15%超え

第4章 中長期で狙いたい成長株投資への挑戦

点は見逃せません。

第3章で説明したとおり、ROEは企業の収益力を示す指標です。**ROEが10%以上であれば収益力が高いと言えます**が、それをはるかに超えるROEを毎年維持しているということは、利益獲得能力が非常に優れていることを表しています。

ニトリの高成長の秘密は、高ROE経営にあると言えそうです。

ROEと並んで企業の収益力をはかる指標である総資産利益率（ROA）も見てみましょう。ROAは総資産に対してどのくらいの割合の当期純利益を得ているかを表した指標です。ただし、ROAは有価証券報告書には載っていないので、計算して求めます（**当期純利益÷総資産**）。

ROAは5%以上であれば優良と言えますが、ニトリはこれを大きく超えた水準で推移しています。近年は軒並み10%を超えて高ROAをキープしています。

ここで、図表❹-㉕のROAの式を見てください。ROAの式を

図表❹-㉕　ROAの式を分解してみると…

$$\text{ROA（総資産利益率）} = \frac{\text{当期純利益}}{\text{総資産}}$$

分母・分子に売上高を掛けて分解すると…

$$= \frac{\text{当期純利益}}{\text{売上高}} \times \frac{\text{売上高}}{\text{総資産}}$$

（売上高利益率）　（総資産回転率）

つまり

売上高利益率か総資産回転率が高くなれば、ROAも向上する！

分解すると、売上高利益率と総資産回転率の積でROAが計算できることがわかります。

　ROAを大きくするには、売上高利益率を上げるか、総資産回転率を上げればよいことがわかります。

「売上高利益率」とは、要するに利益率のことで、売上高に占める利益（当期純利益）の割合がどのくらいかということです。数値が高いほど、収益力が高いと言えます。
「総資産回転率」は、売上高が総資産の何倍かということです。言い換えれば、**その売上をあげるために、総資産を何回転させたか**を表します。数値が高いほど、資産を効率的に活用していると言えます。

　図表❹-㉔でニトリの売上高利益率と総資産回転率を見ると、総資産回転率は1回強の水準でほぼ横ばい、売上高利益率はゆるやかな上昇傾向にあることが読み取れます。つまり、ニトリがより重視しているのは資産利用の効率性よりも利益率であると推測できます。

　ニトリといえば低価格で薄利多売というイメージがありましたが、**総資産回転率が約1回と低水準である一方、売上高利益率はかなり高いことから、利幅を十分に稼ぐ販売スタイルをとることができている**と言えます。
　売上高利益率が高ければ、販売価格を多少下げたとしても利益を確保することができます。逆に、薄利多売で売上高利益率が低い企業は、販売価格をさらに下げれば赤字になってしまいます。こうした点から見ると、ニトリは価格競争力の面で優位に立っているということがわかるのです。

このようにニトリは総資産回転率は低水準ながらも横ばい、売上高利益率は高水準をキープしており、それが高水準のＲＯＡに結びついています。ＲＯＥも高水準を維持しています。

　もし、**総資産回転率あるいは売上高利益率が年々低下しているような企業であるならば、それはやがてはＲＯＡの低下、つまり収益力の低下につながります。**ＲＯＥやＲＯＡが上昇傾向、もしくは高水準をキープしている企業でなければ、長期的な成長は見込みづらいのです。長期的な成長企業を探すなら、**ＲＯＥやＲＯＡ、そしてＲＯＡの構成要素である売上高利益率や総資産回転率の推移には目を配っておくべきでしょう。**

　では、図表❹−㉖のニトリの株価チャートを見てみましょう。増収増益で収益力や利益率も高い点が株価にも素直に反映されています。長期的に見て、順調に右肩上がりの上昇となっていることがわかります。

図表❹-㉖　ニトリは長期間、上昇トレンドをキープ

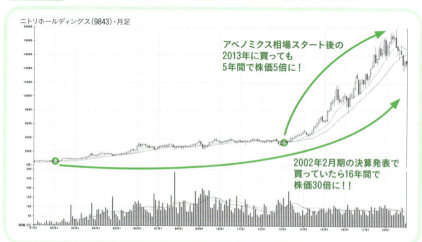

もしアベノミクス相場がスタートして少し経過した2013年にニトリ株を買っても、そこから5年間で株価は約5倍に上昇しましたから決して遅くはありませんでした。でもニトリが好業績であり、収益性も高いということは、平成14年（2002年）2月期の決算を見ればある程度予想できたはずです。その時点で買うことができていれば、なんと株価は16年間で30倍以上に上昇したことになります。
　つまり、好業績で収益性も高いことをできるだけ早い段階で察知して、株価がまだあまり上昇していないときに買うという「成長株投資」を実行していれば、ニトリ株への投資で非常に大きな十分なキャピタルゲイン（値上がり益）を得られたのです。

　それでは、もし現時点から「成長株」の位置づけでニトリ株に投資するとしたらどうでしょうか。
　もちろん今後もニトリが高成長を続け、株価の面からも割高ではないと考えるならば、今からニトリ株を買うという選択は決して間違いではありません。
　実際、図表❹-㉖の株価チャートをみても、長期的に株価は右肩上がりに上昇しています。
　ただ、1998年の安値からは株価は100倍以上に上昇しています。さすがにここまで大きく上昇してしまうと今後しかるべき株価調整があるかもしれません。企業規模がすでにかなり大きくなっている（平成30年2月期の売上高5720億円、17年間で売上高約9倍に増加）ので、今後は成長のスピードが鈍化してくるかもしれません。なにより、ニトリが高成長企業であるという事実をほとんどの投資家がすでに知ってしまっていて、株価もそれを踏まえたものになっている点も見逃せません。
　そこで、私たち個人投資家が見つけるべきは、「10年・15年前

のニトリのような企業」ではないでしょうか。つまり、**高成長の初期段階にあり、企業規模がまだ小さいために成長余地が大きく、投資家からの注目も低いために株価が大きく上昇していない企業**です。

例えば177ページの日本エスコン（8892）や200ページのＺＯＺＯ（3092）は、アベノミクス相場が始まる前の2012年から株価は10倍以上に上昇したものの、2013年に投資しておけば十分安い値段で買うことができました。そうした企業を探し出して株価がまだ低いうちに投資すれば、将来株価10倍、20倍ということも決して夢ではありません。

以上から、投資対象とすべき「成長株」を見極めるポイントとして、図表❹-㉗に掲げた4つが挙げられます。

売上高や利益が年々増加し、ＲＯＥが高い企業であることはもちろんのこと、売上高がまだ小さく、株価もそこまで大きく上昇していないものを選ぶことが望まれます。

もちろん、売上高がすでに大きかったり、株価が10倍以上に上昇していても、成長が続けば株価はそこからさらに上昇します。

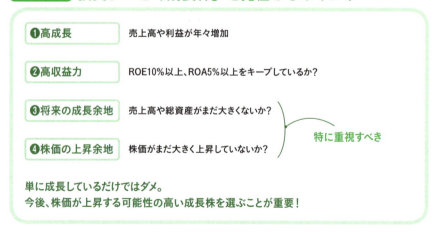

図表❹-㉗ 投資すべき「成長株」を見極めるポイント

ただ、買った株が大きく値上がりするというのが成長株投資の醍醐味です。大きな利益を成長株投資で狙うなら、❶～❹を全て兼ね備えた銘柄を探すようにしてください。

　このポイントを踏まえた上で、さらに第5章で説明しているような買い時、売り時を見極めればより万全です。

第5章

大失敗しないための買い方・売り方

株で勝つコツは大失敗しないこと！

　株式投資に役立つ決算書の使い方についての基本的な説明は以上です。では、将来の売上や利益の増加が期待できる「成長株」や企業価値に比べ株価が低い「割安株」、今後の業績の回復が見込まれる「復活株」を見つけて投資すれば、必ず株式投資で利益をあげることができるかと言えば、残念ながらそうではありません。

　実際に株式投資をしてみると、良い銘柄を選んで投資したのに逆に株価が下がってしまう、という事態に出くわします。時には、株価の下落がいつまでも止まらず、気がつけば多額の含み損を抱えてしまうことも珍しくありません。

　しかし、心配は無用です。これからこの章で説明することを頭に入れ、たった2つのルールを守っていれば、挽回不能な大失敗を防ぐことができます。

　株式投資では大失敗をしなければ、何度でもやり直すことができますし、チャンスも必ずめぐってきます。

　決算書を用いた銘柄選びに加え、この章に書かれていることを実践すれば、鬼に金棒です。

なぜ業績が良いのに株価が下がるのか？

　基本的には株価は業績に連動しています。しかし実際には株価と業績の動きが連動しないことが往々にして起こります。

　とにもかくにもまずはこの原因を理解しておかないと、将来の有

望株を安く買えるせっかくのチャンスを逃してしまったり、「業績が良いのに株価が下がるのはおかしい」と意固地になって株を持ち続けて多額の含み損を抱えてしまうことにもなりかねません。

業績予想が良いのに株価が下落してしまう理由は大きく分けると以下の２つです。

❶実際の業績が予想より悪いことを株価が織り込んでいる（株価の先見性）
❷実際の業績は確かに予想どおり好調なものの、株を売りたい投資家が多いため株価自体が下降トレンドにある

それぞれの理由について詳しく見ていくことにしましょう。

個人投資家が業績の変化を察知できるようになるまでには時間がかかる

まず、❶の要因についてです。
これは、実際の業績が予想より良くないために株価が下落してしまうことが要因となるものです。
実は、株価の動きを見ていれば、実際の業績が予想より悪化するということを、その事実を企業側が公表するより前に知ることができるケースが多いのです。
個人投資家が業績の変化を知ることができるのは、原則として３カ月に１回の決算発表のときです。しかし、プロの投資家は企業訪問や様々な情報収集・分析により、企業の業績の変化をいち早く察知することができます。

そのため、例えば5月の決算発表時に企業から公表された今期の業績予想が11月の第2四半期決算発表時に下方修正されたとすると、業績の悪化を個人投資家が知るのはその11月の業績予想下方修正時です。一方、プロの投資家は企業が業績予想下方修正の発表をするより前にすでに業績悪化を察知し、新規買いを停止したり持ち株の処分を進めます。

　図表❺-①をご覧ください。プロが業績悪化を察知できたのが9月だとすると、9月、10月と、株価は軟調に推移します。つまり、個人投資家が業績悪化を知る11月より2カ月も前から、株価はすでに先行して業績悪化を織り込み、下げ始めるのです。

　この状況を、まだ業績悪化を知らない個人投資家から見ると、「今期の業績は良いはずなのに株価は下がっている」と映るのです。中には「業績予想に比べて株価が割安になった」と思ってこの銘柄を買う個人投資家もいることでしょう。

図表❺-① プロと個人投資家の情報力の違い

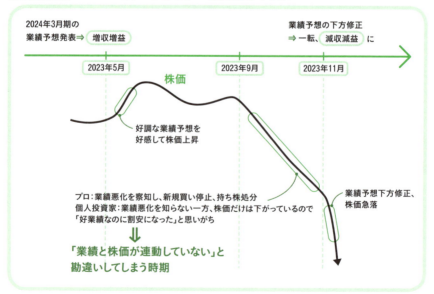

このように、**企業から業績予想の修正が発表されるタイミングと、プロの投資家が業績変動を察知する時期とにタイムラグがあるため、株価だけが業績変動を先取りした動きとなる**のです。
　個人投資家は、この状況を「業績と株価が連動していない」と勘違いしてしまうだけなのです。

　こうした動きは株価の「先見性」と呼ばれます。企業が業績の下方修正を発表するかなり前から株価が下がり始めるのはその典型例です。日経平均株価などの株価指数でも、景気のボトムをつけるよりも半年程度前に株価はすでに底打ちし、景気のピークを迎えるより先に株価は天井を打つという動きが多く見られます。
　個別企業であっても、業績がボトムやピークとなる時期よりも、株価が底値や天井をつける時期のほうが早くなる傾向があります。
　この「先見性」が、株価と業績が連動しない大きな要因の1つとなっています。例えば、図表❺-②のように2016年9月期に過去最高の利益を叩き出した企業の株価が決算発表から4カ月前の2016年7月にピークをつけていることに要注目です。
　株価が先見性を持つ理由ははっきりとはわかりませんが、業績や景気の変化を敏感に察知して、将来を洞察できるほどの能力を持った実力のあるプロ中のプロが他の投資家とは異なる行動（新規買いの中止、持ち株の売却）をまずとり始め、それが次第に他の投資家へと広がっていくことで、微妙な需給関係の変化が株価の動きとして表れてくるからなのかもしれません。

　最近は、決算説明会の資料や月次の売上高など、法的に開示が義務付けられていない情報をホームページ上で公表するなどして、投資家間の情報格差の縮小を図ってくれている企業も増えてきてはいます。でもやはり個人投資家とプロの投資家とでは、有益な情報を

図表❺-② 株価は業績のピークより先に天井を打つ

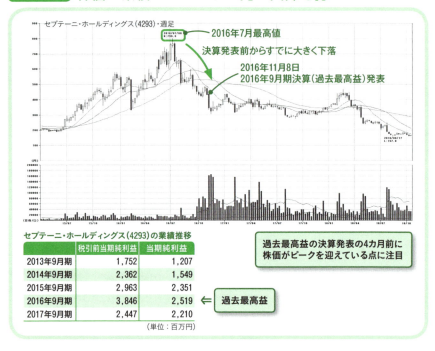

入手できる時期に相当のタイムラグが生じると考えておいたほうがいいでしょう。

株価には「トレンド」がある!

次に❷の要因です。

業績が好調で、毎年売上や利益を伸ばし続けている銘柄であれば、株価もきっと右肩上がりになるに違いない、と思いたくなるものです。しかし、実際は右肩上がりに上昇し続ける銘柄はほとんどなく、上昇と下落を繰り返しているものです。

株価が大きく上昇すれば、利食いをしたいと考える投資家も増えてきます。また、株式マーケット全体を取り巻く環境が悪化すれば、好業績かどうかにかかわらず、株を持つこと自体にリスクを感じて売却を進める投資家が続出します。

　その一方、利食いにより株価が大きく下落すれば、逆にその株を欲しいと思っていた投資家からの買いが増え、株価は上昇に転じます。株式マーケットの環境が好転すれば、株式に回る投資資金が増加するため、株価の上昇要因となります。

　図表❺-③のドンキホーテホールディングス（現：パン・パシフィック・インターナショナルホールディングス）（7532）の業績推移をご覧ください。毎年増収増益を続けていることがわかります。この会社は、なんと創業以来34年も連続で増収増益が続いているのです。

　その点を踏まえて株価チャートを見てください。30年以上も増収増益が続いているにもかかわらず、株価の動きは決して右肩上がりになっていないことがわかります。

　さすがに2012年11月以降のアベノミクス相場では大きく上昇していますが、それでも2015年7月高値5830円から2016年2月安値3260円まで短期間で半値近くまで下落したこともあります。

　1999年7月の2787円から2001年9月の457円のように、2年間で5分の1以下にまで値下がりしたこともあります。

　2001年から2006年までは上昇基調で株価が4倍になりましたが、その後は2006年2月の高値1838円から2009年3月の安値518円と、3分の1以下になっています。

　株価の動きには「トレンド」というものがあります。トレンドとは株価の大局的な基調・方向性のことです。大きく分けると**「上昇トレンド」「下降トレンド」「横ばい（保ち合い）トレンド」**の3つのトレンドがあります（図表❺-④）。

上昇トレンドとは大局的に株価が上昇している状態、下降トレンドは逆に大局的に株価が下落している状態です。

横ばいトレンドは、ある一定の狭い株価の範囲を行ったり来たりしていて明確に上昇もしくは下降のトレンドが生じていない状態を

図表❺-③ 業績が良くても株価は下がることもある

●ドンキホーテホールディングス(現:パン・パシフィック・インターナショナルホールディングス)(7532)の業績

(単位:百万円)

	売上高	経常利益	当期純利益
2009年6月期	480,856	15,989	8,554
2010年6月期	487,571	21,109	10,238
2011年6月期	507,661	25,138	12,663
2012年6月期	540,255	29,283	19,845
2013年6月期	568,377	33,201	21,141
2014年6月期	612,424	35,487	21,471
2015年6月期	683,981	40,160	23,148
2016年6月期	759,592	43,797	24,938
2017年6月期	828,798	45,523	33,082
2018年6月期	941,508	57,218	36,405

↑
売上高・利益とも毎年増加している

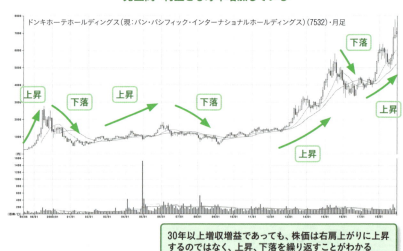

30年以上増収増益であっても、株価は右肩上がりに上昇するのではなく、上昇、下落を繰り返すことがわかる

指します。

　いくら業績が良くとも、株価が下降トレンドにあるならば、株価は上昇しないどころか、下落してしまうのです。そのため、トレンドを読み取ることが非常に重要です。

　では、株価のトレンドはどのように見抜くのでしょうか。詳しくは 246 ページ以降で説明しますが、株価チャートと移動平均線を使って簡単に見分けることができるのです。

　具体的には、「株価が移動平均線の上にあるか下にあるか」と「移動平均線が上向きか下向きか」で判断します。

図表❺-④　株価のトレンド

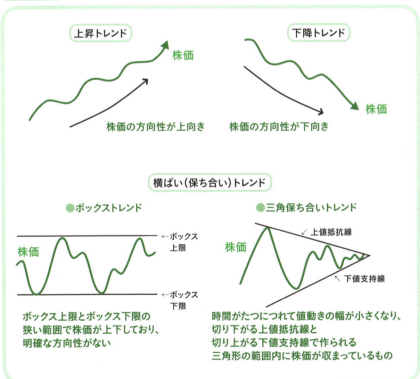

これにより、大きく分けて次の4パターンに分類できます。
❶株価が移動平均線の上＋移動平均線上向き
　　───上昇トレンド
❷株価が移動平均線の下＋移動平均線下向き
　　───下降トレンド
❸株価が移動平均線の上＋移動平均線下向き
　　───下降トレンドだが上昇トレンドへ転換の可能性も
❹株価が移動平均線の下＋移動平均線上向き
　　───上昇トレンドだが下降トレンドへ転換の可能性も

　株価が下落して下降トレンドが形成されるということは、買い手より売り手のほうが多いことを表します。業績が良いのに株価が下落する時期というのは、企業業績の良し悪しにかかわらず、売りたい投資家が買いたい投資家より多い状態、つまり供給が需要を上回っている状態にあるのです。
　株価は「需要と供給の力関係」により変動します。これは株価だけでなく、魚や野菜などすべての商品の価格に共通の原則です。
　その上で、業績により企業価値が変化する株式では、企業価値の増加が見込まれる企業に買いが集まりやすいことから、業績にある程度株価が連動するという特徴があります。
　しかし、時には企業業績とは関係のない、純粋に需要と供給の力関係を原因として株価が変動することもあります。

需要より供給が多くなる要因とは？

　企業業績にかかわらず需要（買いたい投資家）よりも供給（売り

たい投資家）が多くなってしまう要因としては、以下のようなものが考えられます。特に㋑と㋒については、少し難しいですが、株価に大きな影響を与えるため、ぜひ知っておいてもらいたいものです。

㋐日本経済・世界経済全体の景気悪化
㋑裁定解消売りによる株価下落圧力
㋒信用取引整理のための売り
㋓株価下落時のパニック売り
㋔単に不人気である

㋐日本経済・世界経済全体の景気悪化

　株価は景気が良くなれば上昇し、悪くなれば下落します。今後の景気の悪化が見込まれれば、企業業績悪化による株価下落の懸念から、投資家の株式自体への投資意欲が減退していきます。そのとき、業績悪化が見込まれる企業だけでなく、業績が好調な企業の株も同じように売られてしまうのです。

　そのため、**株式市場全体が下落基調にあるときは、たとえ好業績の銘柄であっても需要（買い）より供給（売り）が勝ってしまい、株価が下落してしまうことが多くなります。**

　先の224ページのドンキホーテホールディングス（現：パン・パシフィック・インターナショナルホールディングス）の株価チャートで2006年2月から2009年3月まで株価が下落していますが、これは主に㋐の要因によるものと考えられます。

㋑裁定解消売りによる株価下落圧力

　「裁定解消売り」を説明する前に、「先物取引」と「裁定買い」について説明しておきます。
　株式市場には、「現物市場」と「先物市場」があります。私たち

が個別銘柄を売買するのは現物市場ですが、それとは別に先物市場が存在します。先物市場では先物取引が行われます。先物取引とは、ある商品を一定の条件で将来売買することを約束する取引のことです。

　日本株の先物市場で代表的なものは、日経平均先物です。この日経平均先物は理論的には日経平均株価とほぼ同じ価格になります。

　最近の株式市場は「先物主導」と呼ばれ、**まず日経平均先物に買いが入って先物の価格が上昇し、それに追随するように現物（個別銘柄）に買いが入って先物と現物の価格が一致する、**という流れになることが多くあります。

　図表❺-⑤をご覧ください。日経平均先物に買いが入ると、その瞬間日経平均先物のほうが日経平均株価より高くなります。このとき、理論値より高くなった日経平均先物を売り、同時に日経平均株価（日経平均株価は実際には買えないので、日経平均株価を構成する225銘柄）を買うことで、その差額を利益とすることができます。これを「裁定買い」と言います（図表❺-⑤ ❶）。

　この裁定買いの利益は、先物取引を精算する日であるＳＱ日（3月、6月、9月、12月の第2金曜日）の寄り付きで反対売買（先物買い＋現物売り）すれば確定されますが（図表❺-⑤ ❷-㋐）、それ以外のタイミングでも利益確定することができます。

　近年は株価の上昇だけでなく下落も先物主導によることが多くなりました。まず先物に売りが入り先物価格が下落、それを追うように現物株にも売りが入って先物価格と現物価格が一致する、という流れです。

　先物に売りが入ると、その瞬間先物価格が現物価格より低くなります。そのとき、先物買いと現物売りを同時に行うことで、ＳＱ日を待たずして裁定買いの利益確定が果たせるのです。このことを

「裁定解消売り」と言います（図表❺-⑤ ❷-イ）。

　一般に、裁定買いは株価上昇につながり、裁定解消売りは株価下落を加速させます。今後裁定買いや裁定解消売りが発生しやすい環境にあるかどうかは、裁定買いの残高を見るとある程度予想することができますし、そこから株価の天井と底を見極めることもできます。
　例えば、**裁定買い残高が非常に少ない水準まで低下していれば、**

図表❺-⑤　裁定買いと裁定解消売り

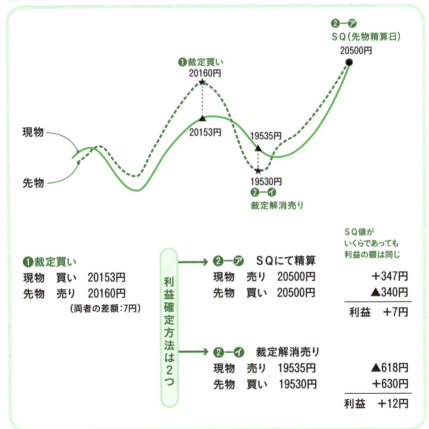

※先物の理論価格は現物の価格と同じとする。

その後裁定買いによる株価上昇が大いに期待できます。逆に、裁定買い残高が多く積み上がっている場合は、その後裁定解消売りによる株価の大きな下落に注意が必要となります。

図表❺-⑥の①と②のように過去の株価と裁定買い残高を比べると、裁定買い残高のボトムで株価も底打ちし、裁定買い残高のピークで株価も天井をつけることが多いことがわかります。

❼信用取引整理のための売り

信用取引の動向も株価に大きな影響を与える要因となります。信用取引とは、現金や現物の持ち株を担保にして、担保価格の最大約3倍の額の株式取引ができる制度のことです。簡単に言えば、「証券会社からお金を借りて株式取引をすること」です。

信用取引は原則として6カ月以内に決済することが必要です。したがって、信用買いは6カ月後までに売り決済しないといけないので将来の売り圧力となります。そのため、**信用買い残高（信用取引による買いがなされ、まだ決済されていない残高）が高水準にまで増えてくれば、その後反対売買による売り圧力が高まり株価が軟調となる展開が予想されます**。逆に信用買い残高が大きく減ってくれば、反対売買の売り圧力が弱まりますのでその後の株価は堅調に推移すると予想できます。

図表❺-⑥の日経平均株価（①）と信用買い残高（③）のグラフを比較すると、連動性が高いことがおわかりいただけると思います。

また、短期的には「信用評価損益率」の動向も株価に大きな影響力を持ちます。**信用評価損益率とは、信用買いをしている投資家がどれくらいの含み損益を抱えているかを表す指標で、日本経済新聞の木曜日朝刊に、前週末時点の数値が掲載されています**。

図表❺-⑥ 日経平均株価、裁定買い残高、信用買い残高の比較

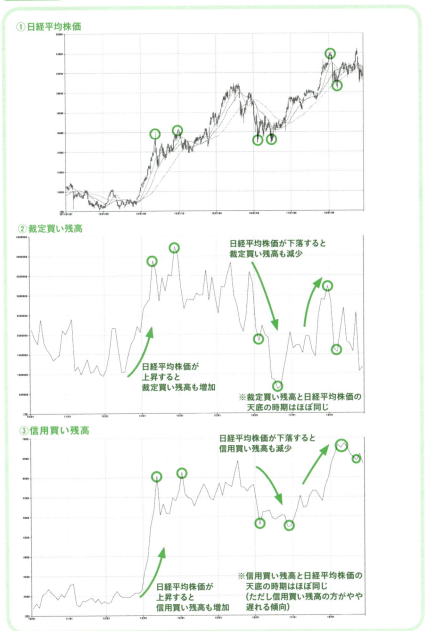

経験上、信用評価損益率がプラスマイナスゼロに近づいてくると、相場の過熱感が高まり、株価が天井をつけやすくなります。逆に、信用評価損益率がマイナス20％に近づいてくると、信用買いをしている投資家からの損失覚悟の投げ売りにより株価が短期間で大きく下落する危険性が高まるものの、その売りが出尽くすと多くは反発します。

　そのため、**信用評価損益率がマイナス数％のレベルまで上昇したら新規の買いは見送る、逆に信用評価損益率がマイナス20％に近**

図表❺-⑦　日経平均株価と信用評価損益率の比較

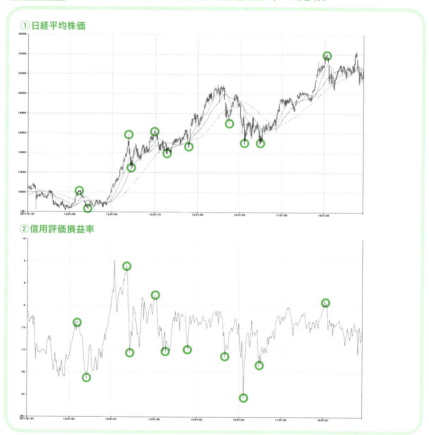

づいてきたら、その後の反発時に上昇トレンドにある銘柄を安く買えるよう準備しておく、という戦略をたてることができます。

図表❺-⑦の日経平均株価（①）と信用評価損益率（②）の比較グラフを見ると、信用評価損益率がピークをつけると日経平均株価も当面の天井をつけ、逆に信用評価損益率がボトムに達すると日経平均株価も当面の底値をつけるケースが多いことがよくわかります。

以上は、株式市場全体の上昇もしくは下落の要因となる事象ですが、個別銘柄ごとの信用買い残高と信用売り残高も、当該個別銘柄の株価の動きに大きな影響を及ぼすため要チェックです（図表❺-⑧）。信用買いは将来の売り需要、信用売りは将来の買い需要になります。そのため、信用買い残高が膨らんでいる銘柄は、信用買いの決済売りという潜在的な売り需要が多く存在するので、株価は上

図表❺-⑧ 信用買いと信用売りの株価への影響

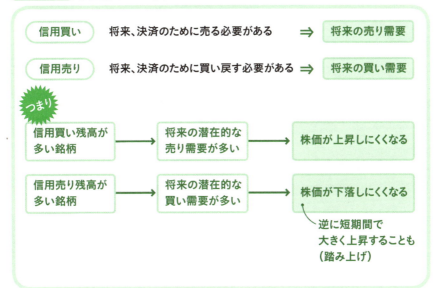

昇しづらくなります。決済売りが進んで信用買い残高が減少するか、信用取引ではなく現物による強い買いが入らないと、大きな上昇はあまり期待できません。

　逆に、信用売り残高が膨らんでいる銘柄は、信用売りの買い戻しという潜在的な買い需要が多く存在するため、底値は固く、下落しにくいと言えます。信用売り残高が信用買い残高より多い銘柄は、信用売りの踏み上げ（株価上昇により信用売りの含み損がこれ以上膨らむことを避けるための損失覚悟の買い戻し）を狙った仕掛け的な買いにより、短期間で株価が大きく上昇することもよくあります。

エ 株価下落時のパニック売り

　2008年秋のリーマンショック以降の世界的な株価大暴落時のように、株価がどこまで下がるかわからない恐怖感に駆られ、投資家が先を急いで持ち株の売却に走ると、売りが売りを呼ぶパニック的な株価急落が起こります。パニック売りが生じているときほとんどの投資家は、業績に関係なく、株式を保有していること自体が大きなリスクと感じていますから、業績が良く優良な企業の株価も投げ売りにより大きく下落します。224ページのドンキホーテホールディングス（現：パン・パシフィック・インターナショナルホールディングス）株もリーマンショック後の2009年3月やチャイナショック後の2016年2月には売り込まれました。

オ 単に不人気である

　約3900ある上場銘柄の中には、投資家の人気がない銘柄もあります。売買高が非常に少なく流動性が乏しい銘柄がその典型例です。こうした銘柄の中には、業績面や企業価値から見ると明らかに割安と思われるものが珍しくありません。しかし、このような銘柄でも、買う人が誰もいなければ株価は上昇しないですし、売りたい人がい

れば逆に株価が下がってしまいます。いくら業績が良くても、いくら割安であっても、需要（＝買いたい投資家）がなければ株価は上昇しないことを如実に表していると言えましょう。

また、その時々の株式市場のテーマ、時流から外れた銘柄は、たとえ業績が良くとも株価が上昇するどころか逆に下がり続けることもあります。

図表❺－⑨をご覧ください。2012年11月に始まったアベノミクス相場では、最初の半年はほぼ全ての銘柄が大きく上昇しました

図表❺-⑨ 時流に乗った銘柄と時流から外れた銘柄

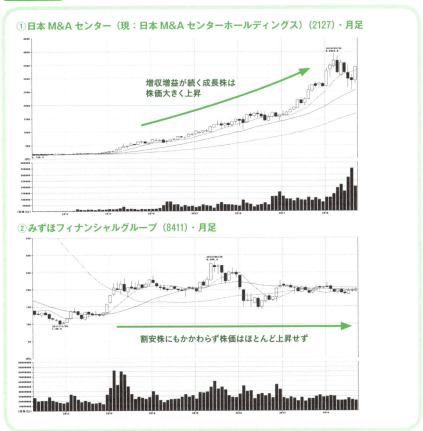

が、2013年中頃からは様相が異なりました。日本M＆Aセンター（現：日本M&Aセンターホールディングス）（2127）のように増収増益銘柄の株価は10倍、20倍と大きく上昇したものの、それ以外の銘柄は伸び悩み、みずほフィナンシャルグループ（8411）はＰＥＲ１ケタ、配当利回りも４％近いにもかかわらず、６年間で株価がほとんど上昇していないことがわかると思います。

また、「不人気」とは若干異なるかもしれませんが、短期間で株価が何倍にも上昇する大相場を演じた銘柄は、買いのエネルギーを使い果たしているため、その後しばらくはいくら業績が良かったり、企業価値に比べ株価が割安であったとしても、株価が大きく上昇することができません。

業績と株価が相反する動きを見せたときはどうするか？

前項で説明したように、業績予想と株価の動きが矛盾することはよくあります。そんなとき、私たち個人投資家はどうすればよいのでしょうか。実は、このときの行動いかんによって、株式投資の成果は大きく異なってしまうのです。

業績と株価の動きが相反するということは、「業績予想」と「株価」のいずれかが間違っているということを意味します。219ページで述べたように「❶実際の業績が予想より悪いことを株価が織り込んでいる」のが要因であれば「業績予想」が間違っていることになりますし、「❷業績は好調だが株価自体が下降トレンドにある」のが要因であれば「株価」が間違っていることになります。

しかし、残念ながら、株価が下落しているとき、それが業績とは

関係ない需給のバランスによるものなのか、業績悪化を株価が先取りしたためのものなのかを判断することは非常に難しいのです。時には、2つの原因が複合していることもあるでしょう。

リーマンショック後の2008年10月の株価暴落時や、2016年2月のチャイナショック時も、確かに業績が良いにもかかわらず連れ安となり、絶好の買い場を提供してくれた銘柄があった一方で、急速に業績の悪化が進み、株価急落は業績悪化を見越した正しいものだったという銘柄もありました。

もし、プロの投資家であれば業績予想と株価のどちらが正しいか判断することができるかもしれません。でも、個人投資家レベルの知識・情報量では非常に難しいでしょう。もちろん、筆者も正しく判断することはできません。

とするならば、「業績予想」と「株価」のどちらが正しいのかを無理に判断するよりも、できるだけ大失敗を避けることを最優先に対処方法を考えるべきです。

業績と株価の動きが相反する典型的な例は、業績予想が絶好調なのに株価が逆に下落を続けているという場合です。こんなときは、**とりあえずは「株価の動きが正しく、業績予想が間違っている」として行動することが大失敗を避けるためのポイントです。**

もし、株価の動きが間違っていて業績予想が正しいとして行動した場合、その判断が正しければやがて株価は上昇に転じることになるでしょう。

しかし、その判断が誤っていた、つまり株価の動きのほうが正しかったならばどうでしょうか。下手をすると、持ち続けるほど株価は下落し、多額の含み損を抱えてしまうことになりかねません。企業側から正式に業績予想の下方修正の発表があった頃には、すでに株価はかなり下落している可能性が大です。

図表❺-⑩のぐるなび(2440)のように、増収増益予想で業績は良いと思われるにもかかわらず、増益幅がわずかに下方修正されたことをきっかけとして、将来のさらなる成長鈍化を織り込んで株価が大きく下落してしまうこともあるのです。

　また、株価の動きが間違っていたとしても、先のドンキホーテホールディングスのケースのように、市場全体が軟調な動きであれば、株価が大きく下落してしまうことも珍しくありません。

　そして図表❺-⑪の串カツ田中ホールディングス(3547)のように、好業績が本物だとしても、その好業績を株価が織り込んで十分に上昇してしまった後は、大きく下がってしまうこともあります。

図表❺-⑩　業績予想を少し下方修正しただけで株価急落

したがって、業績予想が良いのに株価が下落しているケースでは、株価の動きを優先することが、株式投資で失敗しないための秘訣です。

　すでに保有している銘柄については、株価が明確に下降トレンド入りしたならば、一度売却してしばらく様子を見るのがいいでしょう。そして、再び株価が上昇トレンド入りしたら再度買い直せばいいのです。
　また、これから投資しようとしている銘柄については、**少なくとも株価が下降トレンドにあるうちは新規投資はせずに様子を見るべき**です。株価が下がったから安く買えるといって買わないようにし

図表❺-⑪ 好業績は株価に織り込み済み？

●串カツ田中ホールディングス（3547）の業績および業績予想（2018年4集）

	売上	営業利益	経常利益	当期純利益
2015年11月期	2,510	201	267	183
2016年11月期	3,972	316	408	258
2017年11月期	5,529	387	520	327
2018年11月期(予)	7,500	530	660	390

業績は絶好調だが…　　　　　　　　　　（単位：百万円）

高値からわずか半年で株価は68％も下落
↓
将来の好業績をすでに織り込んでしまった動き？

ましょう。

　上昇トレンド、下降トレンドの見極め方については、246ページで説明します。

　なお、これとは逆に業績が最悪なのにもかかわらず株価がどんどん上昇している、というケースもあります。これは、「復活株」が上昇を始めるときの典型的な動きです（図表❺-⑫）。

　こんなとき、業績が悪いのに株価が上昇するなんておかしい、と思って知らん顔をしていると、せっかくのお宝銘柄を安く買えるチャンスを逃してしまうことになりかねません。株価がこうした動きを見せた場合は、当期が業績の大底で、来期以降業績が回復す

図表❺-⑫　業績が悪化しているのに株価が上昇することも

ることを株価が暗示している可能性が高いのです。

　業績が悪く、長らく下降トレンドが続いていた銘柄の株価が上昇トレンドに転換したならば、とりあえず買ってみるのも1つの手です。もちろん、株価の動きが間違っていることもありますが、そのときは253ページで説明する損切りを実行すれば大きな損失を被ることはありません。

　業績予想と株価の動き、どちらが正しかったのかは後になってみないとわかりません。株価の動きが正しいとして行動すれば、もし株価の動きが間違っていても買い直しや損切りによって十分にリカバリーが可能です。しかし業績予想が100％正しいとして行動すると、もし業績予想が間違っていた場合、株価の大幅な値下がりによって致命的なダメージを受けかねません。

　株価の動きが正しいと仮定して行動することが、大きな失敗を防ぐためのコツです。

いくら業績が良い銘柄でもこれだけは守るべき2つのルール

　これまでの説明で、いくら業績が良い（と自分自身が思っている）銘柄であっても、必ずしも株価が上昇するとは限らないことを理解いただけたと思います。

　個人投資家の行う決算書を用いた銘柄選びにはどうしても限界があります。最大の理由は、業績の変化についての情報を迅速かつ正確に知ることができないこと、そして将来の株価形成要因である業績予想自体の不確実性が高いことにあります。さらに、株式市場では業績に関係なく株価が変動する要因も多くあります。

決算書を使った銘柄選びをして投資するだけでは、業績予想と株価の動きに矛盾が生じたときに正しく対応できないのです。

　そこで、いくら業績が良い銘柄であっても、いくら割安と思える銘柄であっても、次の2つのルールだけは必ず守るようにしてください。
　これを怠ると、どんなに素晴らしい銘柄選びをしたつもりでも、全く儲からないどころか、下手をすると大きな損失を被ってしまうことも十分に考えられます。
　逆に言えばこの2つのルールさえ守っていれば、大きな失敗はほぼ防ぐことができます。その意味で、決算書を用いて銘柄選びをする以上に重要なルールなのです。

❶株価の下落途中で買わない
　224ページでドンキホーテホールディングス（現：パン・パシフィック・インターナショナルホールディングス）の業績と株価の動きを示したとおり、いくら成長性の高い優良企業であっても、株価がひとたび下落に転じれば結構大きく下がるものです。
　これが、成長性が高くない企業や、業績の変動が激しい企業であれば、株価の上下の振幅はさらに大きなものになります。

　こうした事実から見えてくるのは、いくら業績が良くても、いくら株価が割安であっても、買うタイミングが良くないと大きな損失を被ってしまう可能性があるということです。
　右肩上がりの長期成長が終えんした今の日本株では、良い銘柄を買って長期間持ち続ければ利益が得られるとは限りません。どんなに良い銘柄であっても、株価が大きく下がってしまうことが多々あるのです。したがって、適切なタイミングで買い、適切なタイミン

グで売ることが求められています。

　適切なタイミングで買うというのは、**株価が上昇している上昇トレンドの局面で買う**ということです。逆を言えば、不適切なタイミング、つまり**株価が下落している下降トレンドの局面で買うことを控えるだけで、失敗を未然に防ぐことができます**。下降トレンドは、今後さらに株価が下落する可能性が高いことを教えてくれているのです（図表❺-⑬）。

　したがって、もし業績が良く将来の株価上昇が期待できる銘柄や株価が割安な銘柄を見つけ出すことができても、すぐに投資するの

図表❺-⑬　好業績銘柄でも上昇、下落を繰り返す

売上や利益は毎年伸びているにもかかわらず、株価は上昇トレンドと下降トレンドを繰り返している

ではなく、株価が下降トレンドにないかどうかをまずは確認してください。下降トレンドにあるのなら、買いは見送って、株価が上昇トレンドになってから買うようにすべきです。

「落ちてくるナイフはつかむな」という有名な格言があります。たとえ業績や企業価値から見て明らかに割安であったとしても、株価が下落を続けている途中で買えば、さらに大きく下落して大けがをすることがある、という戒めの言葉です。

　落ちてくるナイフをつかむという危険をおかすよりは、ナイフが床に突き刺さった後、つまり株価が底打ちした後で買い始めたほうがはるかに安全ですし、結果的に安く買えることも多いものです。

　トレンドの見極め方については246ページをご覧ください。

❷損切りの実行

　万が一株価チャートが下降トレンドであるにもかかわらず買ってしまったとしても、この「損切り」さえ適切に実行していれば、浅い傷で乗り切ることができます。

　そのため、株式投資においては「損切り」の実行が最も重要なルールです。図表❺-⑭をご覧ください。もし1000円で買った銘柄を過去の安値800円を割り込んだ時点❹で損切りすれば、損失は約20%で済みます。そのうえで、下落が止まった後に十分安い価格で買い直せばよいのです。

　しかし、損切りせずに持ち続けると買値からなんと約10分の1まで下がってしまったのです。

　専門家の中には、個人投資家は何十年でも買った株を持ち続けていられるのだから「損切り」は不要と主張する方も少なからずいますが、個人投資家が株式投資で失敗してしまう最大の要因は損切りを適切に行わなかったことにあります。筆者はこれまで何回も「損

切り」によって大損を回避してきましたし、これまで株式投資を続けてこられたのは、まさに「損切り」のおかげなのです。もし「損切り」をしていなかったら、今頃はどうにもならない含み損を抱えたまま株式市場から退場させられていたことでしょう。

　もし、皆さんが「将来大きく上昇する」と自信を持って言える銘柄を見つけ出したとしても、万が一そうならないこともあると考えた投資行動、つまり**上昇するはずが逆に下落してしまったときに損切りをしっかりと実行する**ことこそが、大失敗を避け、その結果最終的には成功に導いてくれるのです。

　株価が下降トレンドにあるときに買うことをやめれば、損切りの頻度も少なくなります。損切りをきちんと行えば、株価が下がって

図表❺-⑭ 損切りすることで大きな損失を防げた事例

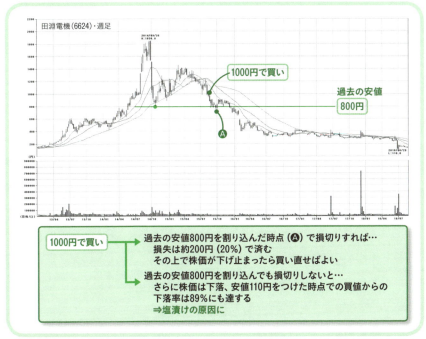

田淵電機は株式交換により2019年10月にダイヤモンドエレクトリックホールディングス（6699）の完全子会社となり上場廃止となりました。

いる途中に買ってしまっても小さなロスで済ませることができます。

そしてこの２つを両方とも守れば、損失の発生頻度を最小限に抑えることができ、かつ大きな損失を回避することができるのです。

株価のトレンドから買い時・売り時を見極める

ここまで株価が下降トレンドにある間は新規買いをしないことが非常に重要であることをお話ししました。また、持ち株を売却するタイミングも株価のトレンドを見た上で判断することが大変有効です。

そこで、ここでは、株価のトレンドを見抜く方法を紹介しましょう。

これまで説明してきたとおり、株価は業績も含め様々な要因で変動するので、その要因を正確に把握することはできません。ですから株価のトレンドを見抜くことが非常に重要になってきます。

実は、株価のトレンドに沿って売買していくだけでも、株式投資で十分に利益をあげることが可能です。しかし、業績の良い銘柄や割安度の高い銘柄のほうが上昇トレンドの際により上昇する可能性が高いことを考慮すると、決算書による銘柄選びと株価のトレンドに沿った売買を組み合わせるのが非常に効果的です。

226ページで説明したように、株価のトレンドは株価と移動平均線の位置関係と移動平均線の向きから、次の４パターンに分類できます（図表❺-⑮）。

❶株価が移動平均線の上＋移動平均線上向き

——上昇トレンド
❷株価が移動平均線の下＋移動平均線下向き
　　——下降トレンド
❸株価が移動平均線の上＋移動平均線下向き
　　——下降トレンドだが上昇トレンドへ転換の可能性も
❹株価が移動平均線の下＋移動平均線上向き
　　——上昇トレンドだが下降トレンドへ転換の可能性も

　図表❺-⑯の実際の株価チャートを見て、どの局面が上昇トレンドなのか、あるいは下降トレンドなのかを当ててみてください。

　❶の状態は「上昇トレンド」を表します。この上昇トレンドの間は、新規買いしてもよいですし、持ち株は保有を続ける局面です。

　持ち株の利食い目標として、「買値から30％上昇したら売る」とか「買値から100円上昇したら売る」と事前に決めてしまう個人投資家が多いようですが、それは賢明な方法とは言えません。

　株式投資では、利益が伸ばせる局面ではできる限り大きな利益を

図表❺-⑮　4パターンの株価のトレンド

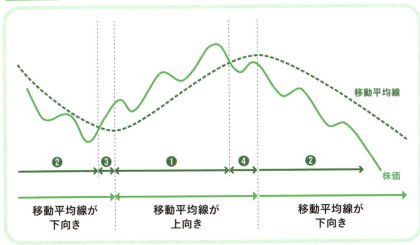

目指すことが重要です。株価が上昇トレンドにあるならば、そのトレンドが続く限り、持ち株は保有を続けるべきなのです。そうしないと、買値の5倍、10倍にまで上昇する銘柄を、たった30％の利益で終えてしまうことにもなりかねないからです。

もちろん、株価がどこまで上昇するかはわかりませんから、上昇途中で適度に少しずつ利食いをするのはよいですが、「買値から30％上昇したから持ち株を全部売却する」という、トレンドを無視した利食い方法は筆者はお勧めしません（図表❺-⑰）。

❷の状態は、「下降トレンド」を表します。下降トレンドに株価がある間は新規買いは厳禁です。下降トレンド中は、株価がどこまで下がるかわからないからです。

持ち株は、下降トレンド入りが売却のサインとなります。それまで上昇トレンドであった株価が下降トレンドに転換したことを確認できた時点でできるだけ速やかに売却すべきです。

問題は❸と❹の状態です。

図表❺-⑯ 株価トレンドを知ろう

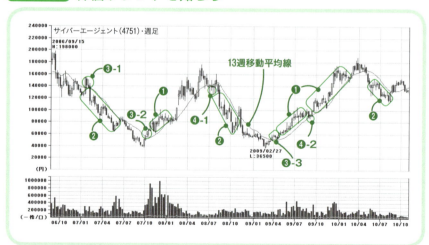

サイバーエージェント（4751）

❸は株価が❷の下降トレンドから❶の上昇トレンドに移行する途中で起こる状態です。しかし、❷の下降トレンドの途中に株価が一時的に大きめな反発をし、❸の状態になっただけの場合もあります。

つまり、❸の状態は図表❺-⑯の❸-2および❸-3のように❶の上昇トレンドへ移行する可能性と、❸-1のように再び❷の下降トレンドへ戻ってしまう可能性があるのです。

こんなときは安全性を重視するなら、「❸の状態では新規買いせず、❶の状態になるまで待つ」という投資行動をとればよいでしょう。多少のリスク覚悟でできるだけ安値で買い仕込みたいなら、「❸の状態で新規買いするが、株価が移動平均線を下回ったら損切りする」とすればよいでしょう。

図表❺-⑰ 上昇トレンドで安易に利食いすべきではない

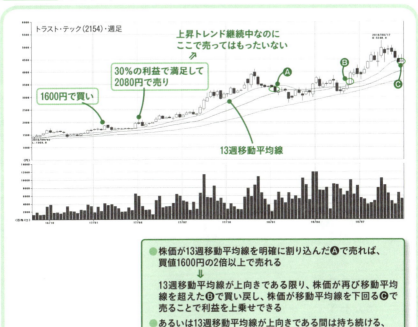

- 株価が13週移動平均線を明確に割り込んだⒶで売れば、買値1600円の2倍以上で売れる
  ⇩
  13週移動平均線が上向きである限り、株価が再び移動平均線を超えたⒷで買い戻し、株価が移動平均線を下回るⒸで売ることで利益を上乗せできる
- あるいは13週移動平均線が上向きである間は持ち続ける、という戦略でもよい

※現在はオープンアップグループに社名変更されています。

トラスト・テック(2154)

また、❹は株価が❶の上昇トレンドから❷の下降トレンドに移行する途中（図表❺-⑯では❹-1）、もしくは❶の上昇トレンド途中の株価の一時的な大きめの調整局面（図表❺-⑯では❹-2）の２つが考えられます。

こんなときは、持ち株は「移動平均線を株価が割り込んだことを重視し、いったん売却しておく。ただし株価が再び移動平均線を上回り、❶の状態を回復すれば買い直す」というのが一策です。

まだ明確に❷の下降トレンドに移行したわけではありませんので、❷の状態になるまでそのまま持ち続けるのも１つですが、安全面を重視するなら、いったん売却しておくのがよいでしょう。

新規投資の場合も考え方は同じで、安全策をとるならば❶の状態になるまで買わない、リスクを取るならば損切りの確実な実行を前提に買ってみる、という投資行動が考えられます。

なお、横ばいトレンドにある間は、移動平均線も横ばいの状態で❶〜❹のどれに当てはまるか判断がつきにくいこともあります。そんなときは、横ばいトレンドが終わり、❶〜❹のいずれかに当てはまることが確認できるのを待って判断するようにしましょう。

そして、株式投資で大きな利益を得ることができる可能性が高いのが、図表❺-⑱のように**「上昇トレンドに転換して間もないときに買い、下降トレンドに転換したら直ちに売る」**という方法です。

この方法をとれば、上昇トレンドの始まり付近から終了付近までの株価上昇分が利益となります。

同じ❶の上昇トレンド状況で買うとしても、上昇トレンドになってからすでに株価が３倍、５倍になった状態で新規に買うのと、上昇トレンドになって間もない段階で買うのとでは、その後得られる利益もリスクも大きく異なります。

したがって、特に長期間の下降トレンドからの立ち上がりの時期は、❶の上昇トレンド状態になったばかりの銘柄を積極的に探すのが「大成功」への近道です。

次に、使用する株価チャートと移動平均線としてどのような組み合わせを用いるかが重要となります。筆者は「日足チャート＋25日移動平均線」「週足チャート＋13週移動平均線」「月足チャート＋12カ月移動平均線」の組み合わせをよく使っています。もちろん好みや使い勝手に合わせてこれ以外の組み合わせでもかまいません。

図表❺-⑲にそれぞれの組み合わせのメリットとデメリットをまとめましたので参考にしてください。日足チャートのほうがトレンドの転換をいち早く察知できますが、同時に「ダマシ」（トレンド転換のサインが示されたものの実際はトレンドが転換しなかった）も多くなります。月足チャートでは「ダマシ」が少なく信頼性は高いですが、トレンドの転換を察知するまでに時間がかかってしまい、

図表❺-⑱ 上昇トレンド転換直後の買い

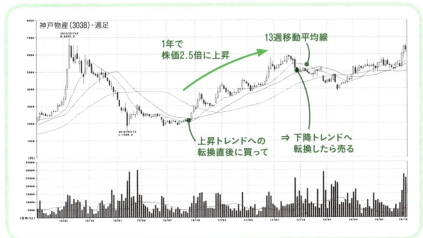

神戸物産（3038）

その間に株価が大きく動いてしまうのが欠点です。週足チャートはその中間です。

筆者は主に日足チャートを使っています。ただ、日足チャートは毎日株価をチェックする必要があります。もし、毎日株価をチェックすることが難しい、という方であれば週足チャートを使えばよいでしょう。これなら株価チェックも週1回、毎週末だけで済みます。

残念ながらこのトレンド分析も100%成功するとは言えません。「株価が上昇トレンドに転じれば必ずそこから株価が上昇する」わけではないからです。しかし、逆はしかりで、「株価が大きく上昇するときは必ず上昇トレンド」が現れます。

したがって、株価が上昇トレンドにある銘柄を買うようにして、そこに損切りを組み合わせれば、大きな失敗を防ぎつつ、より大きなリターンを狙うことができるのです。

また、逆に「株価が大きく下落するときは必ず下降トレンド」になります。**持ち株は下降トレンド入りが明確になったら売却し、新規買いは下降トレンド中は行わない。**これを守れば、確実に利益を確保することができ、かつ余計な含み損を抱えずに済むのです。

図表❺-⑲ 株価チャートと移動平均線の組み合わせ

組み合わせ	メリット	デメリット
日足チャート+ 25日移動平均線	・トレンド転換の可能性をいち早く察知できるため、上昇トレンド初期に安く買ったり、下降トレンド初期に高く売ることができる	・ダマシ（トレンド転換のサインが生じたものの実際には転換していなかった）の発生割合が高い ・株価チャートを毎日のように見なければならない
週足チャート+ 13週移動平均線	・株価チャートの確認が週1回でよい ・日足チャートに比べてダマシの発生が少ない	・日足チャートに比べてトレンド転換のサインが生じるのが遅いため、それまでに株価が動いてしまうことがある
月足チャート+ 12カ月移動平均線	・株価チャートの確認が月1回でよい ・ダマシの発生が非常に少ない	・トレンド転換のサインが生じるのが非常に遅いため、それまでに株価が大きく動いてしまうことがある

損切りは「業績」ではなく「株価チャート」で判断する

　株式投資では損切りが非常に重要であることはすでにお話ししたとおりです。では、具体的にどのようにして損切りを実行していけばよいのでしょうか。
　損切りは株価チャートに現れる「テクニカル面でのサイン」を基準として用いることを筆者としてはお勧めします。

　株価が下がるというのは、売っている投資家が増えていることを意味します。彼らが売るには理由があるはずで、その大きな要因の1つは業績の悪化懸念によるものと推測できます。ならば、テクニカル面での売りサインが発生したら、さらに株価が大きく下落する前に自らも持ち株を売却しよう、というのが損切りの基本的な投資行動なのです。つまり、「株価の下落→他の投資家の売りの増加→業績悪化等の悪材料が隠れている」という推理です。
　テクニカル面でのサインの典型例は、「株価が直近の安値を下回ったら損切り」というものです。株価が上昇トレンドにある場合は、上昇途中に押し目（上昇途中の一時的な株価下落局面）を作ったとしても、直近安値を下回ることはあまりありません。もし、直近安値を下回ったら、上昇トレンドから下降トレンドに転換した可能性が高まりますから、その時点で損切りをします（図表❺-⓴のⒶ）。

　また、「移動平均線を下回ったら損切り」という方法もあります。246ページで説明したとおり、上昇トレンドとは株価が移動平均線の上にあり、かつ移動平均線自体が上向きの状態を指します。そこで、上昇トレンドにある銘柄を買ったら、この株価が移動平均線

を割り込んで上昇トレンド継続の条件が崩れたときに損切りをするのです（図表❺-⑳の❸）。筆者は、移動平均線の近くに直近安値がある場合はそれを割り込んだら損切りとしますが、直近安値まで距離があるような場合は、直近安値割れを待たず移動平均線を明確に下回ったら損切り、としています。

これ以外に、「買値から10％下回ったら損切り」というように、買値からの下落率を損切りラインとして設定する方法があります。

図表❺-㉑のように、特に株価が大きく上昇している最中で新規買いしたときなど、上記の「直近安値を下回ったら損切り」「移動平均線を下回ったら損切り」というルールだと買値から20％、30％も値下がりしたところで損切りしなければならないこともあります。しかし、そもそも損切りとは失敗したときの損失を最小限に抑えるための手段です。したがって、**直近安値や移動平均線を基**

図表❺-⑳　損切りのタイミングの具体例（その1）

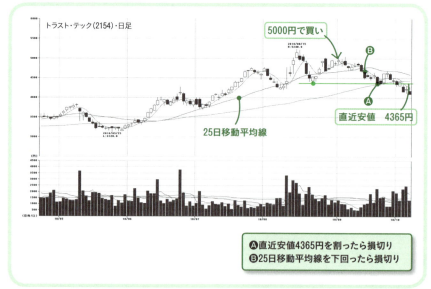

Ⓐ直近安値4365円を割ったら損切り
Ⓑ25日移動平均線を下回ったら損切り

※現在はオープンアップグループに社名変更されています。

トラスト・テック(2154)

準とした損切りラインでは損失が買値の10%を超えてしまう場合には、この「買値から10%下回ったら損切り」のルールに従うのがよいと思います。

「テクニカル面でのサイン」ではなく、「ファンダメンタルの変化」、つまり成長の鈍化や業績の悪化が確認できた時点で損切りする方法もありますが、筆者はこれには賛成できません。

この方法をとると、221ページでお話しした「株価の先見性」により、すでに株価が買値から30％、50％とかなり大きく下落した後で損切りすることになりかねないからです。図表❺-㉒をご覧ください。テクニカル面のサイン（直近の安値1250円割れ）に従って損切りした場合は買値から14.1％下がった1245円で売却でき

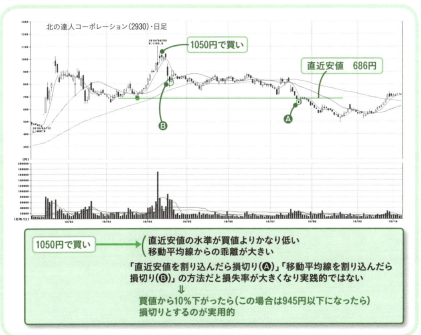

図表❺-㉑ 損切りのタイミングの具体例（その2）

北の達人コーポレーション（2930）

ますし、25日移動平均線割れで損切りとすれば、1350円前後で売却できます。しかし、ファンダメンタルの悪化（業績予想の下方修正）が明確になってから損切りしようとすると、すでに株価は買値から45.9％も下がった785円になってしまっているのです。

損切りするからには、必要最小限の損失で済ませることが大事です。

図表❻-㉒ ファンダメンタルの変化で損切りすると…

なお、「（買値から値下がりした）現時点での株価でも買いたいかどうかで損切りするかどうか判断すべき」、という専門家も数多くいますが、その方法は下手をすると大失敗につながりかねませんので絶対に避けるようにしてください。

「現時点での株価でも買いたいかどうか」はあくまでも自分自身の主観に基づいた判断にすぎません。もしその考えが間違っていたならば、株価がさらに大きく下がってしまい、含み損がますます膨らんでしまいます。

　損切りは自分自身の投資行動、つまり「将来株価が上昇すると信じて買う」という主観に基づいた行動が誤っていたために実施するものです。そこで、損切りをする際に再び主観を持ち込んではならないのです。損切りの基準、つまり自身の行動が誤っていたと認める客観的な条件をあらかじめ決めたら、あとはそれに基づき機械的に行動するだけです。

　そして、間違っても「現時点での株価でも買いたい」と思って本

図表❺-㉓　ナンピン買いが損失拡大の要因

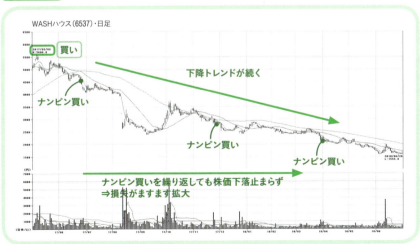

当に追加で買ってしまわないようにしてください。それは「ナンピン買い」という、リスクの非常に高い対処法になってしまうからです。

　ナンピン買いをしてさらにそこから株価が下落すれば、当初の買いとナンピン買いの双方で含み損が膨らんでしまいます（図表❺-㉓）。ナンピン買いをするくらいならいったん損切りして、株価が上昇トレンドに転じてから買い直すほうがはるかに安心です。

　最後に、株式投資で失敗しないための投資行動をフローチャートとして図表❺-㉔にまとめました。

　決算書を用いて銘柄を選んだら、このフローチャートを参考に売買を実践していけば、大失敗を防ぐことができるはずです。

図表❺-㉔ 株式投資で失敗しないための投資行動フローチャート

❶買いの場合

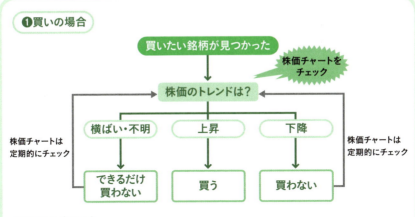

〈買う際のポイント〉
- 上昇トレンド入りして間もないタイミングで買うのがベスト
- すでに大きく上昇している場合は押し目などできるだけ安く買うことを心がける
- 短期間に安値から5倍、10倍にも上昇している場合は買いを見送る手もあり

❷売りの場合

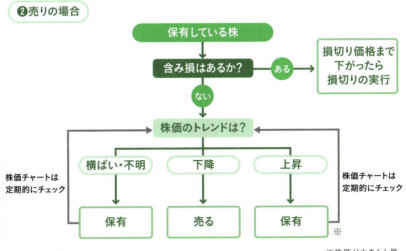

〈売る際のポイント〉
- 下降トレンド入りして間もないタイミングで売るのがベスト
- 下降トレンドであっても株価に比べて買値が非常に安いような場合は売らずに持ち続ける、あるいは一部だけ売るという方法も可
- 含み益が小さいならば下降トレンドでは早めに売っておくべき

※株価が大きく上昇している場合は上昇トレンド途中でも持ち株の一部を売って確実に利益を確保するのもよい

あとがき

　本書をお読みになっていかがでしたでしょうか？　決算書を用いた銘柄選びは決して難しくないことがおわかりいただけたでしょうか。

　実は決算書を用いた銘柄選びはとても奥が深いものです。苦労と手間をかけて決算書の細部まで分析すればするほど、銘柄選びの精度は確かに向上します。でも、それはプロの投資家や、会計の知識をかなり持った投資家でないと難しいのが現実ですし、時間もかかります。
　そんな、多くの個人投資家にとって現実的ではないレベルを目指すより、多少アバウトでも本書のような方法で銘柄選びを行い、かつ売買のタイミングさえしっかり見極めていれば、十分に株式投資で成果を上げることができます。

　本書は個人投資家の誰もが理解できるようになるべく平易に書いたつもりですが、もし読んでみてわからないこと、あるいは実際に投資をしてみて疑問に思ったことがあれば、本書末尾に記載の株式会社マーケットチェッカーのメールアドレスまでお問い合わせください。
　全ての質問にはお答えできないかもしれませんが、連載しているコラムや今後執筆する書籍などで取り上げる方法を含め、できる限りお答えしていきたいと思っております。

また、筆者が役員を務める株式会社マーケットチェッカーでは、各個別銘柄の株価チャートや移動平均線だけでなく、各種テクニカル指標からみた買いサイン、売りサインが一目でわかる株式投資分析ツール「マーケットチェッカー2（MC2）」を提供しております。関心のある方はぜひ以下のホームページをご覧ください。
　MC2ホームページアドレス　https://mc.kbu.jp/

　本書の出版に際しまして、ダイヤモンド社の真田友美さんには、内容をはじめ的確なアドバイスをいただいたばかりでなく、度重なるスケジュール変更にも快く対応していただきました。この場を借りて御礼申し上げます。

　本書を通じて、個人投資家の皆さまに銘柄選びや売買のタイミングで苦労することなく株式投資を楽しんでいただき、そして資産を増やすことのお手伝いができれば、筆者にとってこの上ない喜びです。

[著者]
足立武志（あだち・たけし）

公認会計士、税理士、ファイナンシャル・プランナー（AFP）。足立公認会計士事務所代表、株式会社マネーガーディアン代表取締役。
1975年神奈川県生まれ。一橋大学商学部経営学科卒。資産運用に精通した公認会計士として、執筆活動、セミナー講師などを通じ、個人投資家に対して真に必要・有益な知識や情報の提供に努めている。現在、楽天証券や会社四季報オンラインにて個人投資家に向けた資産運用や税金のコラムを連載中。
著書に、『株を買うなら最低限知っておきたい株価チャートの教科書』『株式投資 悩んだときの解決帳』（ともにダイヤモンド社）、『現役公認会計士・足立武志のやさしい株の教室』（日経BP社）、『それは失敗する株式投資です！』『超実践・株価チャート使いこなし術』（ともに日本経済新聞出版社）、『はじめての人の決算書入門塾』（かんき出版）、『知識ゼロからの経営分析入門』（幻冬舎）、『賢く稼ぐコツがわかる！ 株のはじめ方』（共著）（ナツメ社）などがある。
公式ブログ「公認会計士・税理士 足立武志ブログ」
https://kabushiki-adachi.com/
無料メールマガジン「上位10%の負けない株式投資」
http://makenaikabushiki.com/lp_mail/

■お問い合わせ
足立武志へのご意見、ご質問、ご感想をお待ちしております。
株式会社マーケットチェッカーWEB TOPページ右上の「お問合せ」フォーム
https://mc.kbu.jp/
または、電子メールにてお送りください。
info@kbu.jp

株を買うなら最低限知っておきたいファンダメンタル投資の教科書 改訂版

2019年1月23日　第1刷発行
2024年4月10日　第8刷発行

著　者──足立武志
発行所──ダイヤモンド社
　　　　　〒150-8409　東京都渋谷区神宮前6-12-17
　　　　　https://www.diamond.co.jp/
　　　　　電話／03・5778・7233（編集）　03・5778・7240（販売）
装丁─────萩原弦一郎［256］
本文デザイン──大谷昌稔
チャート協力──楽天証券（マーケットスピード）
　　　　　　　地主南雲
製作進行────ダイヤモンド・グラフィック社
印刷─────堀内印刷所（本文）・新藤慶昌堂（カバー）
製本─────本間製本
編集担当────真田友美

©2019 Takeshi Adachi
ISBN 978-4-478-10704-1

落丁・乱丁本はお手数ですが小社営業局宛にお送りください。送料小社負担にてお取替えいたします。但し、古書店で購入されたものについてはお取替えできません。
無断転載・複製を禁ず
Printed in Japan
※本書は、特に記載のない場合は2018年12月時点での情報・データを基にしています。
※投資は情報を確認し、ご自分の判断で行ってください。本書を利用したことによるいかなる損害も、著者および出版社はその責任を負いません。

◆ダイヤモンド社の本◆

基本から特殊なケースまで
株価チャートのノウハウを徹底解説!

個人投資家の最大の武器である「株価チャート」を使ってできる、売買タイミングの判断法を経験豊かな著者が伝授。初心者から中・上級者までが腑に落ちる、株で勝つ方法。

株を買うなら最低限知っておきたい
株価チャートの教科書
足立武志［著］

●A5判並製●定価(本体1600円＋税)

http://www.diamond.co.jp/